U0596793

利群工业文化译丛

汉密尔顿关于制造业的报告

[美] 亚历山大·汉密尔顿 著
Alexander Hamilton

严鹏 任慈 译注

中国出版集团 东方出版中心

图书在版编目(CIP)数据

汉密尔顿关于制造业的报告 / (美) 亚历山大·汉密尔顿著；严鹏,任慈译注. -- 上海 : 东方出版中心,
2024. 12. -- ISBN 978-7-5473-2570-4

Ⅰ. F471.264

中国国家版本馆 CIP 数据核字第 20243GN578 号

汉密尔顿关于制造业的报告

著　　者　[美] 亚历山大·汉密尔顿
译 注 者　严　鹏　任　慈
责任编辑　刘　鑫
封面设计　极宇林

出 版 人　陈义望
出版发行　东方出版中心
地　　址　上海市仙霞路 345 号
邮政编码　200336
电　　话　021-62417400
印 刷 者　上海盛通时代印刷有限公司

开　　本　890mm×1240mm　1/32
印　　张　7
插　　页　2
字　　数　135 千字
版　　次　2025 年 2 月第 1 版
印　　次　2025 年 2 月第 1 次印刷
定　　价　68.00 元

版权所有　侵权必究
如图书有印装质量问题，请寄回本社出版部调换或拨打021-62597596联系。

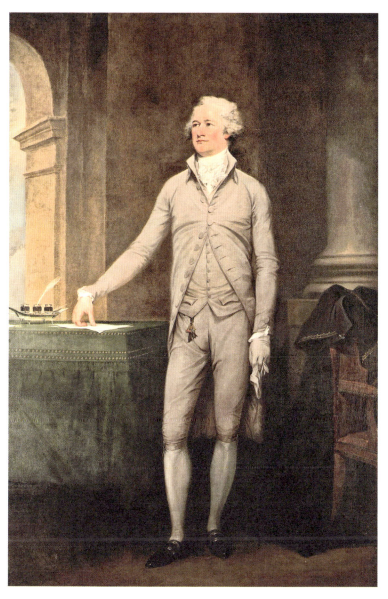

亚历山大·汉密尔顿(1755—1804)

译丛主持者、本书译注者之一：严鹏

本书译注者之一：任慈

教育部人文社会科学重点研究基地重大项目

"工业文化与中国现代国家形成研究（1860—1949）"（22JJD770032）

阶段性成果

目 录

导读　美国现代化的先驱汉密尔顿

严　鹏

2015 年美国百老汇首次上演的音乐剧《汉密尔顿》(*Hamilton*)里,主角亚历山大·汉密尔顿(Alexander Hamilton)有句台词:[①]

　我名叫亚历山大·汉密尔顿,

　我还有一百万件事情没完成,

　但请你稍微再等等、再等等……

汉密尔顿是美国最具传奇色彩的"国父",他促使美国成为联邦制国家,设计了美国最初的财经体制,推动美国以工业立国,为美国的海权奠定了基础,却又毁誉参半,身陷桃色绯闻,不仅无缘总统之位,还殒命于政治决斗,致使其不少事业未能完成。今天,美国财政部的网站对这位创立者的介绍如下:[②]

① Lin Manuel Miranda and Jeremy McCarter: *Hamilton: The Revolution*, New York: Hachette Book Group, 2016, p.16.
② https://home.treasury.gov/about/history/prior-secretaries/alexander-hamilton-1789-1795.

1789 年，乔治·华盛顿（George Washington）的前军事助手、著名金融家亚历山大·汉密尔顿(1757—1804)在立宪政府就职典礼上被任命为第一任财政部部长，从而成为该部门结构的设计师。汉密尔顿渴望建立一个强大的中央集权的财政部，他与当时的国务卿托马斯·杰斐逊（Thomas Jefferson）和当时的国会议员艾伯特·加勒廷（Albert Gallatin）就财政部应该被允许行使的权力进行了不断的斗争。他设计了一个用于征收和支付公共收入，同时也用于促进国家的经济发展的财政部。

1791 年 12 月 5 日，汉密尔顿作为财政部部长，向众议院提交了《关于制造业的报告》（*Report on the Subject of Manufactures*），为美国的工业化吹响号角。报告里的理论逻辑与政策建议，直到 21 世纪的第二个十年，仍继续存活于美国的若干政策中。任慈和我选择善本，将美国立国的这一经典文献完整译为中文，列入《利群工业文化译丛》，我拟就汉密尔顿其人其书略作介绍，以便非专业读者了解相关背景，但读者自可跳过这一介绍，直接阅读报告正文。在经济思想史上，汉密尔顿启发了经济学的美国学派及德国历史学派的先驱李斯特（Friedrich List），对此感兴趣的读者可参考贾根良教授的系列研究。[①] 我在介绍汉密尔顿作为美国首任财长的政绩时，将重点介绍其关于公共信用和国家银行的报告，以使读者对其

---

① 贾根良等：《新李斯特经济学在中国》，中国人民大学出版社 2015 年；贾根良等：《美国学派与美国 19 世纪内需主导型工业化道路研究》，中国人民大学出版社 2017 年。

政治经济思想（thought of political economy）有更全面的认识。汉密尔顿一生之志业与成就，体现了美国作为一个新兴文明的创造性、灵活性与多元性，为文明互鉴增添了宝贵的财富。

一、汉密尔顿的传奇人生

在美国开国诸"国父"中，没有人比汉密尔顿的人生经历更具传奇色彩，围绕他的争议，也一直持续。热衷于为美国建国者一代写传记的罗恩·彻诺（Ron Chernow）著有一部厚实的《汉密尔顿传》（*Alexander Hamilton*），[①] 中译本名为《汉密尔顿：美国金融之父》，[②] 读者可以参考。此处仅依据汉密尔顿的信件与文章，综合已有传记、教科书、研究论著，简要勾勒汉密尔顿的生平。

与其他美国"国父"不同的是，汉密尔顿并非英属北美殖民地的子民，而是一个来自加勒比海的真正的移民。一般认为，1757 年 1 月 11 日，汉密尔顿出生于西印度群岛一个名叫尼维斯的小岛上，但也有人认为他出生于 1755 年。[③] 这种年代上的含混性已经暗示了汉密尔顿出身相对低微。汉密尔顿的母亲有着不幸的第　次婚姻，但她并未选择合法分手，而是轻率地逃离，使自己沦为黑户，也使尚未出世的汉密尔顿背上了私生子的名分。在对门第与等级并非毫无所谓的早期美国社会，日后身居高位的汉密尔顿对其童年经历讳莫如深，这也使他的早期生活笼罩在历史的迷雾之中。汉密尔顿 13

---

① Ron Chernow：*Alexander Hamilton*，London：Penguin Books，2005.
② 罗恩·彻诺：《汉密尔顿：美国金融之父》，应韶荃等译，上海远东出版社 2011 年。
③ Ron Chernow：*Alexander Hamilton*，p.17.

岁起就为一名西印度群岛的商人工作，开始了自食其力的人生。
1769 年 11 月 11 日，汉密尔顿在一封信中称，"我的野心太大了，
我蔑视职员或类似职业的卑贱地位，但我的财富却只能靠此"，在
信的结尾他说"最后我要说我希望有一场战争"。[①] 一个有志少年的
形象跃然纸上。因为聪颖能干，15 岁那年，他被亲朋好友资助送往
波士顿发展。到达北美后，汉密尔顿接受了正规教育。他进入了纽
约州的国王学院也就是今天的哥伦比亚大学学习。在国王学院，汉
密尔顿阅读了苏格兰启蒙思想家大卫·休谟（David Hume）的作
品，深受其"性恶论"之影响。[②] 这种影响将在日后汉密尔顿的一
系列现实主义政治主张中得到体现。有趣的是，汉密尔顿的政敌、
另一位美国"国父"杰斐逊认为休谟的英国史著作的目标就是为斯
图亚特王室（The House of Stuart）辩解，称"他的艺术魔力使全
体英国人都变成了保王党"。[③] 由此可从一个侧面窥见汉密尔顿的趣
味以及他与杰斐逊水火不容的观念根源。

随着北美的政治空气日趋紧张，汉密尔顿也最终选择了自己的
阵营，加入了独立斗争。1774 年，汉密尔顿在一篇为大陆会议辩护
的文章中分析了英国的弱点：[④]

理性和经验告诉我们，这些后果对大不列颠来说是极其致

---

① Joanne B. Freeman edit：*Alexander Hamilton: Writings*，New York：Literary Classics of the United States，Inc.，2001，p.3.
② Ron Chernow：*Alexander Hamilton*，p.60.
③ 托马斯·杰斐逊：《杰斐逊选集》，朱曾汶译，商务印书馆 2011 年，第716 页。
④ Joanne B. Freeman edit：*Alexander Hamilton：Writings*，p.19.

命的，容不得拖延。它与各殖民地之间有着巨大的贸易往来。由此产生的收入是惊人的。殖民地对它制造业产品的大量消费为它最有用的居民提供了生存手段。到目前为止，我们的实践表明，我们的商业关系对它是多么重要；这给了我们中止这一关系便能得到补偿的最高级别保险。

从这些考虑来看，它显然必须采取果断的行动。它必须要么倾听我们的抱怨，和平地恢复我们所享受的被侵犯的权利；或者它必须使出浑身解数，用火和剑来强制执行它的专制要求。想象一下它更喜欢后者，就意味着提出一种对疯狂本身最严重迷恋的指控。我们的人数相当可观，美洲人的勇气是经受过考验的。人们发现，争取自由的斗争最血腥、最无情、最顽固。大不列颠派不出多少纪律严明的军队来对付我们，我们在人数上的优势将抵消我们在纪律上的劣势。用武力征服我们，即使不是不可能的，也将是一项艰巨的任务。

此外，当大不列颠对我们进行一场不正常的战争时，它的商业将处于衰退状态。它的财政收入将减少。一种足以奴役美洲的军备，将使它付出高昂代价。

汉密尔顿的文章显示出他熟悉经济与军事常识，并有着对权力进行计算的敏锐性。在同一篇文章中，汉密尔顿还花了不少笔墨，分析北美十三州与英国关系恶化可能对荷兰、爱尔兰、西印度群岛、波罗的海、加拿大等地经济产生的连带影响。这种视野显示出汉密尔顿具有成为国务活动家的潜质，而将经济因素纳入外交分析正是 18 世纪欧洲治国技艺（statecraft）的核心内涵之一。

　　在独立战争中，汉密尔顿深得华盛顿赏识，尽管两人也发生过激烈争执，但华盛顿还是包容了这位被誉为"小狮子"的年轻人。华盛顿后来这样评价他的这位副官："虽然汉密尔顿上校从未担任过将官，但他充当过总司令最主要、最心腹的助手。这使他能比某些人视野更为开阔地看待一切问题，而那些人的注意力局限于师或旅。"① 值得一提的是，1779 年 3 月 14 日，汉密尔顿曾写信给约翰·杰伊（John Jay），建议征召黑人奴隶作为士兵："先生，请允许我建议，没有时间可以浪费，要尽快从北卡罗来纳州、南卡罗来纳州和弗吉尼亚州征召民兵，服役期为 12 个月。但是南卡罗来纳州的白人人口非常少，很难征兵，除非为黑人（black）军营提供装备。"他还声称，"我毫不怀疑，如果管理得当，黑人（negroes）会成为非常优秀的士兵"。② 这显示出了汉密尔顿一贯的务实与灵活，也显示了作为移民的他在种族上的包容性。杰伊后来与汉密尔顿一同为建立联邦制度而奋斗，并当过最高法院首席大法官以及纽约州州长。

　　戎马倥偬之中，汉密尔顿已开始构想国家的未来。他阅读了英国重商主义者马拉奇·波斯特尔思韦特（Malachy Postlethwayt）的《商贸通用词典》（*Universal Dictionary of Trade and Commerce*）。③ 波斯特尔思韦特如同典型的重商主义者那样主张大力发展制造业，

---

　　① 约翰·罗德哈梅尔选编：《华盛顿文集》，吴承义等译，辽宁教育出版社 2005 年，第 832—833 页。

　　② Joanne B. Freeman edit：*Alexander Hamilton: Writings*，pp.56 - 57.

　　③ 关于重商主义，读者可参考：古斯塔夫·施穆勒：《重商主义制度及其历史意义》，严鹏译注，东方出版中心 2023 年。

这可能给了汉密尔顿关于培育制造业的最初的灵感。[1] 同时，从这本书中，汉密尔顿学习了最基础的金融知识。在 1780 年 9 月 3 日的一封信中，汉密尔顿讨论了"我们目前体系（system）的缺陷"，称"根本性的缺陷是国会缺乏权力"。[2] 在这封信中，他讨论的内容涉及战时财政体制："保障供应是其他一切事情的中心……有四种方法必须合起来用：外国贷款、征收沉重的金钱税、实物税，以及建立在公共和私人信用基础上的银行。"[3] 对于征收重税这一点，汉密尔顿写道："关于征收沉重金钱税的必要性，我无须多言，这是大家都同意的一点；任何以这种方式使人民负担加重或超出公众需要的增税行为，都不会引发危险。实际上，如果所有流通中的纸币每年被抽进国库，并不会有什么负面影响。"[4] 汉密尔顿的这些构想已经预示了他在建国后的职责。而他对于征税所面临的潜在抵触亦无所畏惧：[5]

> 我知道这个计划（收税）可能会遭到反对——它有阻碍产业发展的倾向；但它是必要的；我们不能没有它，较小的邪恶（译者按：指税）必须让位于较大的邪恶。此外，别的国家这样做已经成功了，为什么我们不行呢？也许有人会说，这些例子都来自专制政府统治下的国家，同样的事情在我们这里是

---

[1]　Ron Chernow：*Alexander Hamilton*，pp.110 - 111.
[2]　Joanne B. Freeman edit：*Alexander Hamilton: Writings*，p.70.
[3]　Joanne B. Freeman edit：*Alexander Hamilton: Writings*，p.80.
[4]　Joanne B. Freeman edit：*Alexander Hamilton: Writings*，p.81.
[5]　Joanne B. Freeman edit：*Alexander Hamilton: Writings*，p.82.

行不通的；但我认为，在以公共利益为明显目标的地方，我们的政府能比别人干得更好。人们常说，自由国家向来征收最重的税。一群自由的人民对一般法律的服从，无论这种服从令他们多么难以忍受，都比奴隶对君主专制意愿的服从要完美得多。

为了支持独立，大陆会议效仿英国，于 1776 年 11 月宣布计划发行 100 000 份票券，每份附带四张彩票，这四张彩票总计成本 100 美元，每张彩票都有奖金，奖金的形式是美国债券，约定五年内付款，利率为 4%。到 1778 年，大陆票券的流通量超过了 3 000 万美元，一年后其规模增至 1.5 亿美元。此外，大陆会议发行的贷款办公室证书（Loan Office Certificates）超过了 6 700 万美元，这些证书可以支付给军需物资提供者，还可以用来支付士兵军饷。单个殖民地也发行贷款证书。由于票券贬值，大陆会议又重新发行一批票券，用来赎回前一批贬值了的票券，第二次发行的又被再下一次发行的所替代。[①] 1781 年，大陆会议任命费城商人、投机家罗伯特·莫里斯（Robert Morris）为金融长官。在汉密尔顿出任财长前，莫里斯一直是北美大陆最高权力机构的财经事务负责人，他于 1780 年创办了北美银行。汉密尔顿曾于军中向莫里斯写信，倡议组建一家国家银行，与莫里斯不谋而合。[②] 这也为日后莫里斯举荐汉密尔顿并与其合作提供了基础。

① 杰瑞·马克汉姆：《美国金融史》第 1 卷，黄佳译，中国金融出版社 2017 年，第 77、83 页。
② 杰瑞·马克汉姆：《美国金融史》第 1 卷，第 88—89 页。

要插入叙述的是，1780 年，汉密尔顿娶了斯凯勒（Philip Schuyler)将军的二女儿伊丽莎白（Elizabeth Schuyler）。对汉密尔顿而言，这是与北美名门世家建立起密切关系的政治联姻。1780 年 8 月，在写给伊丽莎白的信中，汉密尔顿写了一句："你有责任表明你是一个罗马人的妻子还是美国人的妻子。"① 在战争间隙，汉密尔顿与伊丽莎白鸿雁传情，这个冒险家写下了一些炙热的情话，例如："我感谢你的来信所表达的全部善意，我恳求你，我可爱的女孩，请相信我对你的温柔与日俱增，没有时间和空间可以减少它。我埋怨时间没有飞逝得更快并把我们的时间分给彼此。"② 伊丽莎白为汉密尔顿生儿育女，并成为其坚强的支持者。1791 年 12 月 5 日晚上，在提交《关于制造业的报告》的那一天，汉密尔顿写信给儿子菲利普（Philip A. Hamilton），关心他的学业："你的导师告诉我，你第一天上课就背出了一节课文，他表示非常满意。我希望从他那儿收到的每一封信都能给我展示一个你进步了的新证据……你的妈妈给你找了一本奥维德（Ovid）的书，并正在找你的梅尔斯（Mairs）导读。如果明天还没找到就会再弄一本来，她答应给你寄的书和其他文章这两三天就会寄出。"③ 1793 年 11 月，汉密尔顿与给女儿安吉莉卡（Angelica Hamilton）一封信，同样关心着女儿的教育："我很高兴得知，我亲爱的女儿，你要开始学习法语了。我们希望你在各方面的行为举止都能使你得到所有和你在一起的人的善意与尊敬。如果你不巧得罪了他们中的任何一个人，请随时准备诚

① Joanne B. Freeman edit：*Alexander Hamilton: Writings*，p.67.
② Joanne B. Freeman edit：*Alexander Hamilton: Writings*，p.91.
③ Joanne B. Freeman edit：*Alexander Hamilton: Writings*，p.735.

恳地道歉。不过，最好的办法是表现得彬彬有礼，举止得体，小心谨慎，不要制造任何道歉的机会。"① 这些反映了这位美国"国父"在苦心谋国之外的另一面。汉密尔顿是一个靠自我奋斗实现了阶层跃升的人，他对子女的教育符合北美老精英圈子的礼制，也体现出了他对"培育"的重视。子女要培育，制造业也一样，国家亦然。

独立战争结束时，汉密尔顿已经有了相当成熟的政治经济思想，更为可贵的是，他与华盛顿结成了持久的政治联盟，而这一联盟基于如下共同的观念：新造之邦需要组建一支国家军队，需要凌驾于各州之上的中央集权，需要强势的行政机关，一言以蔽之，需要统一的国家。1780 年 5 月 31 日，华盛顿在一封信中抱怨了地方权力过大的格局："我看见一个大脑逐渐变成十三个。我看见一支军队逐渐分成十三支，而且它们不是仰视国会、把它当作美利坚合众国的最高统治权力，相反，它们却认为自己依附于各自所在的州……我对这样可能造成的后果深感恐惧。"② 共同的恐惧使汉密尔顿能够长期成为华盛顿的忠实战友。汉密尔顿此后的政治事业离不开华盛顿的支持，而华盛顿亦仰仗汉密尔顿为其"计臣"与文胆。

美国独立之后，汉密尔顿一度成为纽约市的一名律师，处理了无数桩关于汇票和海上保险的诉讼。汉密尔顿参与缔造了纽约市的第一家银行纽约银行。银行在当时的美国是新鲜事物，但汉密尔顿对此兴味盎然，他认为银行将有助于振兴纽约市的商业。1784 年，汉密尔顿被选为纽约银行的董事，他独自为这家新机构起草了章

---

① Joanne B. Freeman edit：*Alexander Hamilton: Writings*，p.810.
② 约翰·罗德哈梅尔选编：《华盛顿文集》，第 329—330 页。

程，而这份章程后来被许多银行作为模板，由此奠定了美国银行业最初的制度。不过，此举在美国人中间引发了极大的争议。许多美国人认为银行是一个黑暗、神秘的行当，平民主义者对此尤其反感。有些人谴责纽约银行是英国资本主义的提线木偶，农村居民对此偏见尤深。① 在以杰斐逊为代表的许多南方人看来，纽约市是一个由银行家和商人控制的亲英派堡垒，他们称其为"汉密尔顿城邦"，将其等同于"邪恶的伦敦"。科林·伍达德（Colin Woodard）指出，美国是由 11 个区域民族（nation）的全部或部分组成的联邦，其中一些区域民族与其他民族看法并不一致。② 根据他的理论，杰斐逊隶属于"沿海低地"（Tidewater），该地由英格兰南部贵族的幼子创建，心态趋于保守；而汉密尔顿所属的纽约是英国人从荷兰人手里夺取的新尼德兰（New Netherland），该地从一开始就是一个全球性的商贸社会。③ 杰斐逊在其 1784 年出版的介绍家乡弗吉尼亚的著作中坦言："我们从未有过任何值得重视的国内贸易……我们极其重视农业，偏爱外国制造品……当我们有地可以耕种的时候，绝不希望看到我们的人民在操作机器或纺纱。木匠、石匠、铁匠在农业中是短缺的；但是，就制造业的全面运转来说，还是让我们的工场留在欧洲吧。"④ 在同一本书里，杰斐逊还含蓄地表达了反对移民的态度："靠移入外国人增加人口带来好处，难道就没有坏

① Ron Chernow：*Alexander Hamilton*，p.201.
② 科林·伍达德：《美利坚的民族：一部北美地区文化史》，邓德东译，社会科学文献出版社 2021 年，"序言"第 3 页。
③ 科林·伍达德：《美利坚的民族：一部北美地区文化史》，"序言"第 7—9 页。
④ 托马斯·杰斐逊：《杰斐逊选集》，第 279—281 页。

处吗？……如果他们自己主动来到这里，他们就有资格享受一切公民权利；但要是靠特殊的鼓励吸引他们来，恐怕就不得当了。"① 晚年的杰斐逊在见证了世界的太多动荡后，还表达过一种反现代化的情绪："至于法国和英国，尽管它们在科学上极其卓越，一个是一窝强盗，一个是一窝海盗。如果科学结不出比暴政、屠杀、掠夺和道德沦丧更好的果实，那我宁愿我们的国家处于愚昧、诚实和值得尊重的状态，就像与我们毗邻的野蛮人一样。"② 这与汉密尔顿的世界及世界观迥然不同。实际上，杰斐逊一直怀疑汉密尔顿作为移民对美国的忠诚度。因此，美国多民族构成理论可以很好地解释美国自独立以来的某些结构性问题。音乐剧《汉密尔顿》中反复出现的一句台词"在纽约你能改头换面"，③ 很能说明美国人对纽约的认识。该剧非常强调汉密尔顿的移民身份以及白手起家的自我奋斗历程，在当下的美国自然大受欢迎。

不仅在银行这一点上，在其他许多问题上，汉密尔顿都与当时美国的主流政见及一般民众看法迥异。作为挣脱英国束缚的前殖民地，美国独立之初，政治精英与民众极为珍视来之不易的自由，对强大的政府有着本能的质疑与排斥。但汉密尔顿恰恰是中央集权的鼓吹者。在与美国"国父"之一、日后的政敌麦迪逊（James Madison）以及杰伊合撰的《联邦党人文集》（*The Federalists Papers*）中，汉密尔顿宣称："一个牢固的联邦，对于各州的和平与自由是非

① 托马斯·杰斐逊：《杰斐逊选集》，第221—222页。
② 托马斯·杰斐逊：《杰斐逊选集》，第606页。
③ Lin Manuel Miranda and Jeremy McCarter：*Hamilton：The Revolution*，p.17.

常重要的，因为它是分裂和叛乱的障碍。在阅读希腊和意大利一些小共和国的历史时，对于一直使它们不安的骚动，以及使它们永远摇摆于暴政和无政府状态这两个极端之间的连续不断的革命，没有恐怖和厌恶的感觉是不可能的。"① 这种观点在当时部分美国人看来，是极具英国色彩的。汉密尔顿亦自知其观点不合时宜："明智而热情地支持政府的权能和效率，会被诬蔑为出于爱好专制权力，反对自由原则。"② 1787 年 6 月 18 日，汉密尔顿在演说中夸赞了英国政体，麦迪逊所作的记录记载了这样的话："没有一个好的行政长官怎么会有一个好的政府呢？在这个问题上，英国模式是绝无仅有的最好模式。"③ 汉密尔顿这番话自有其语境，但在一个刚摆脱英国统治的前殖民地，对前宗主国的夸赞如果不是令人惊恐，至少也令人反感了。汉密尔顿的亲英态度将一直伴随他的政治生涯。

实际上，埃里克·纳尔逊（Eric Nelson）将美国建国过程中的一种思潮与动力解读为"王权派的革命"（The Royalist Revolution），声称："正是那些当初推动爱国者们恢复有利于王权的帝国宪制的原则，在 1787 年造就了新美国的王权派宪法。1776 年初盛行于殖民地的共和主义政治思想，虽使这部宪法排除了国王一职，但事实上，这部宪法赋予行政首脑的权力要远大于自奥兰治的威廉（William of Orange）在托贝登陆以降的任何一位英国君主。"④ 罗

① 汉密尔顿、杰伊、麦迪逊：《联邦党人文集》，程逢如等译，商务印书馆 2009 年，第 40 页。
② 汉密尔顿、杰伊、麦迪逊：《联邦党人文集》，第 5 页。
③ Joanne B. Freeman edit: *Alexander Hamilton: Writings*，p.157.
④ 埃里克·纳尔逊：《王权派的革命：美国建国的一种解读》，吴景键译，中国政法大学出版社 2019 年，第 8—9 页。

伯特·卡根（Robert Kagan）亦指出，北美殖民者与宗主国最初的分歧是关于英帝国的形式而非帝国本身，杰斐逊便呼吁过国王在其国土上出面干涉一个立法机构企图压制另一个立法机构的情况。① 杰斐逊写道："陛下现在的重大任务便是恢复行使他的否决权，阻止帝国任何一个立法机关通过可能损害另一个立法机关的权利和利益的法律。"② 汉密尔顿正是典型的王权派。他在 1775 年即称国王"是整个帝国唯一的主权者"，人民在议会中的代表"只是对主权者权力的一种限制而已"，他认为这种制度安排对民众的自由是有益的，因为国王不会"牺牲一部分领地的利益来讨另一部分领地的欢心，而是对他们一视同仁"，但"上议院与下议院却各有各的私利"。③ 他的观点很明确："英国议会对于北美的权力十有八九要比绝对君主制更加不可忍受且更为专制。"④ 由此可见，作为"王权派"的汉密尔顿并非绝对君主制的拥趸，而是警惕小圈子利益集团以"多数人"的名义遂其私利。科林·伍达德称新尼德兰是北美保王党人的主要聚集地，新尼德兰人普遍对革命持怀疑态度。⑤ 汉密尔顿虽然是革命派，但来自新尼德兰的他刻有该地区的烙印亦不足为奇。然而，根据科林·伍达德的理论，正是新尼德兰给美国带来了制约联邦党人的《权利法案》，在他眼里，罗伯特·莫里斯和汉密尔顿作为移民独树一帜，并非真的孕育于新尼德兰传统："出生

　　① 罗伯特·卡根：《危险的国家：美国从起源到 20 世纪初的世界地位》（上），袁胜育等译，社会科学文献出版社 2011 年，第 36 页。
　　② 托马斯·杰斐逊：《杰斐逊选集》，第 301 页。
　　③ 埃里克·纳尔逊：《王权派的革命：美国建国的一种解读》，第 4 页。
　　④ 埃里克·纳尔逊：《王权派的革命：美国建国的一种解读》，第124 页。
　　⑤ 科林·伍达德：《美利坚的民族：一部北美地区文化史》，第 127—128 页。

于英格兰的莫里斯和出生于西印度群岛的汉密尔顿对北美的看法与英国人一致：一头值得挤奶的奶牛。"[①] 不管怎么说，汉密尔顿认可的是共和制而非民主制，在他看来："民主政体和共和政体的两大区别是：第一，后者的政府委托给由其余公民选举出来的少数公民；第二，后者所能管辖的公民人数较多，国土范围也较大。"[②] 汉密尔顿欲为大国而非小国制宪。

经过斗争与妥协，美国成为一个拥有中央政府的联邦制国家，没有沦为各州松散的联合体。而凭借与华盛顿的政治联盟，汉密尔顿成了美国的第一任财长，也为美国的财政体制奠定了基石。汉密尔顿极为重视国债政策，他写道："国债如果不发行过度，它将是国家的福祉、联邦的强力黏合剂、维持税收的必需品和工业的催化剂。"[③] 对于保守的美国人来说，国债又是极具英国色彩的事物。不过，正当汉密尔顿站在权力的巅峰大刀阔斧地规划美国之际，他卷入了一桩与名为玛丽亚·雷诺兹（Maria Reynolds）的有夫之妇的丑闻。简单地说，汉密尔顿一开始与自称被丈夫冷落的玛丽亚·雷诺兹过从甚密，但这段关系后来被戴绿帽子的丈夫发现了，他向汉密尔顿索取封口费，而红杏出墙的妻子也默契地与丈夫配合，直到汉密尔顿自己决定终结这段关系，并自己将这段关系的细节公之于众。在一个具有新教徒底色的国度，这种公开的桃色绯闻不是什么好事情。汉密尔顿并非道德堕落之徒。他出任财政部部长时，年薪

---

① 科林·伍达德：《美利坚的民族：一部北美地区文化史》，第 162 页。
② 汉密尔顿、杰伊、麦迪逊：《联邦党人文集》，第 49 页。
③ 查尔斯·亚瑟·科南特：《亚历山大·汉密尔顿》，欧亚戈译，北京大学出版社 2014 年，第 10 页。

只有区区 3 500 美元,远低于当律师获得的收入,而且他也并非世家子,但他在担任公职期间切断了所有的外部收入来源,这是华盛顿、杰斐逊和麦迪逊都不敢做的事情。然而,早在独立战争期间,汉密尔顿就被古罗马作家关于奇异性风俗的不经之谈吸引,这似乎为他日后卷入性丑闻埋下了伏笔。1797 年,汉密尔顿写了本《雷诺兹手册》(*Reynolds Pamphlet*),里面提到"我的感性(sensibility),或许是我的虚荣心(vanity),承认了一种真正的喜爱(fondness)是可能的",而"另一方面,雷诺兹太太千方百计吸引我注意到她和拜访她。她的文笔流畅自如,她的信里充满了温情和悲情的流露"。① 汉密尔顿自曝丑闻实际上是为了回应雷诺兹丈夫参与的对他的贪腐指控,那种职务犯罪的指控相对于私德有污无疑是更严重的,杰斐逊对此推波助澜。整个事件充满了政治斗争的阴谋。后来,汉密尔顿同样利用性丑闻攻击过杰斐逊。这种互设陷阱及进行道德抹黑的斗争方式,将在美国政坛一直延续。1998 年,美国总统克林顿(Bill Clinton)深陷性丑闻时,汉密尔顿的故事还被人引用以进行比附。② 1803 年 3 月 17 日,汉密尔顿在给妻子的信中写道:"我们生活在一个充满邪恶的世界。"③ 此时距离他离开这个世界的日子也已经不远了。

从财长职位上卸任后,汉密尔顿的政治生涯就开始走下坡路。以至于有人评论道:"在 40 岁之前,汉密尔顿的伟大贡献就几乎全

---

① Joanne B. Freeman edit:*Alexander Hamilton: Writings*,pp.896 – 897.
② 杰瑞·马克汉姆:《美国金融史》第 1 卷,第 140 页。
③ Joanne B. Freeman edit:*Alexander Hamilton: Writings*,p.995.

部完成了。"① 这实际上低估了汉密尔顿作为元老在幕后干预美国政治的能量。然而，没有哪个美国"国父"像他那样死于决斗。汉密尔顿命丧于生意对手、政敌阿伦·伯尔（Aaron Burr）之手。汉密尔顿参与创立的纽约银行在该州曾具有垄断地位，但伯尔使用计策，创立了曼哈顿公司（Manhattan Company），该公司表面上以向纽约供水为其业务，实际上开展了货币交易，成为一家实质性的银行。② 1792 年，在一封信中，汉密尔顿如此描述伯尔："伯尔先生作为个人的正直并非没有受到质疑。作为公众人物，他是最糟糕的那一类型——只有在契合他的利益与野心时才能同他交朋友……总而言之，如果我们在美国有一个处于胚胎状态的恺撒（an embryo-Caesar），那就是伯尔。"③ 这是一种非常严重的指控，毕竟，恺撒颠覆了罗马共和国。当然，在杰斐逊眼里，或许汉密尔顿才是个潜在的恺撒。当汉密尔顿结束与玛丽亚·雷诺兹的关系后，这个女子选择了与她丈夫离婚并迅速另嫁郎君，而她的律师正是伯尔。通过这起官司，伯尔了解到汉密尔顿私生活的混乱，并善加利用。

　　1804 年 7 月 11 日，汉密尔顿与伯尔面对面站在岩石上准备互相射击。但从一开始，汉密尔顿就没打算真的杀死伯尔，他朝向树林射击，将子弹打在了高高的树上。结局没有悬念。7 月 12 日下午，汉密尔顿离开了人世。伯尔赢了，但他的政治生命结束了，而这是汉密尔顿所希望看到的。人们无法原谅伯尔杀害了汉密尔顿。

---

①　查尔斯·亚瑟·科南特：《亚历山大·汉密尔顿》，第 5 页。
②　杰瑞·马克汉姆：《美国金融史》第 1 卷，第 156—157 页。
③　Joanne B. Freeman edit：*Alexander Hamilton: Writings*，p.794.

伯尔在纽约的家被其债主攫走，靠皮毛贸易起家的杰斐逊盟友约翰·雅各布·阿斯特（John Jacob Astor）将其倒手转卖而大发其财。① 这是美国式政治报复。在 1836 年去世前，伯尔过着政治上失意的生活。事实上，伯尔被政治学家认为"发明了政党机器"，给美国带来了靠拉选票获取政治权力的制度创新。② 当然，由政党政治带来的制度化党争是汉密尔顿所厌恶的。伯尔曾经同英国大使秘密会晤，表示愿意配合英国，把阿巴拉契亚山脉以西的领土完全分裂出美国。杰斐逊虽厌恶汉密尔顿，对伯尔更是大加鞭挞："伯尔的阴谋是史无前例的穷凶极恶的阴谋之一。他的目的是使西部各州脱离联邦，将墨西哥并入西部，自己出任元首。"③ 然而，背负杀害汉密尔顿恶名的伯尔缺乏聚集政治支持者的能力。政党政治的发明者被选票动员机制固有的民粹要素所反噬。汉密尔顿如同古罗马人，用自己的生命埋葬了伯尔这个危险投机家的政治生命，也可以说，汉密尔顿用生命捍卫了他最为珍视的美国的统一。

二、 联邦党人的建国构想

美国独立之初采取的是松散的邦联制。1776 年大陆会议讨论的结果是，大多数代表赞同成立一个由自治的州组成的松散联盟，仅少数人赞成建立一个强有力的中央政府。1777 年 11 月，大陆会

---

① 杰瑞·马克汉姆：《美国金融史》第 1 卷，第 140 页。
② 塞缪尔·亨廷顿：《变化社会中的政治秩序》，王冠华等译，上海人民出版社 2008 年，第 104—105 页。
③ 托马斯·杰斐逊：《杰斐逊选集》，第 574 页。

议通过了《邦联条例》，按其条款成立的国民大会称为国会，每个州在国会有一张选票。① 科林·伍达德称："由于各民族之间互不信任，这部宪法（译者按：指《邦联条例》）并没有建立一个民族国家，甚至没有建立一个统一的联邦，而是建立了一个类似于 21 世纪早期欧盟一样的政治实体——一个由主权国家自愿组成、同意将某些权力下放给一个共同行政机构的联盟。"② 这一比喻有助于当代读者理解美国早期邦联制的特点。

1781 年 3 月，《邦联条例》开始生效，国会被赋予大量职责，但此时的国会并非一个立法机构，更像一个行政机构。由于与英国议会的斗争还历历在目，当时的美国无意建立一个强大的中央政府，国会的权力甚至比不上此前的殖民地议会的权力，无法规范各个州之间的贸易及对外贸易。③ 华盛顿曾对拉法耶特（Marquis de Lafayette）抱怨："在我们现存的邦联形式下，由我们来制定商业规范的想法是毫无意义的。一个州通过了禁止某种商品的法律，另一个州却又为该商品的进入敞开了通道。一个州的议会建立了一种制度，另一个州的议会却又取消了它。"④ 随着时间推移，《邦联条例》的缺陷引发了越来越多的不满，新生的美国亦处于内忧外患之中。内忧包括复员军人危机、经济危机，外患则指英国、西班牙在北美的军事存在威胁着这个新近独立的国家。汉密尔顿便认为：

---

①　约翰·马克·法拉格等：《美国人的历史》，王晨等译，上海社会科学院出版社 2021 年，第 215 页。

②　科林·伍达德：《美利坚的民族：一部北美地区文化史》，第 142 页。

③　乔治·布朗·廷德尔、大卫·埃默里·施：《美国史》第 1 卷，宫齐等译，南方日报出版社 2012 年，第 211—212 页。

④　约翰·罗德哈梅尔选编：《华盛顿文集》，第 581 页。

"与我们毗连的大不列颠、西班牙和印第安人的领土，不只是同某几个州接壤，而是从缅因到佐治亚把整个联邦包围起来了。因此，威胁尽管程度不同，然而是共同的，防御威胁的方法同样也应该是共同商讨和共同资助的对象。"① 1783 年 3 月 31 日，华盛顿在给汉密尔顿的信中写道："在美国再没有谁会比我更强烈地感受到修改我们当前这部宪法（译者按：指《邦联条例》）的必要性了。可能也没有人比我更切身地感受到这部宪法的恶劣影响。因为战争的延长，以及由此带来的花费，都应当归因于这些恶劣影响和国会权力的缺乏。"② 这些不满随着危机的加深而转化为修宪的动力。

1786 年 8 月，美国爆发谢司叛乱（Shays' Rebellion），1787 年 1 月被镇压。但这场叛乱只是 18 世纪 80 年代危机里美国各地数百起抗议、起义和暴动中最著名的一次。1786 年 11 月 5 日，华盛顿在给麦迪逊的信中哀叹："如果没有一个权力机构来制止这些骚乱，个人还能有什么生命、自由或财产的保障呢？……一个松散、低效的政府所带来的后患已经太过明显，没有必要再多加强调。十三个政权互相牵制，又全都卡住联邦的头，很快它们将给所有人带来毁灭。"③ 直到 1788 年 1 月 1 日，在给杰斐逊的信中，华盛顿仍强调："欧洲极有可能爆发一场大规模的战争。如果事情真是这样，我们将比以前更迫切地需要有一个有效的中央政府来规范我们的贸易事务，给我们带来民族声望，并将各州的政治观点和利益联合在一

---

① 汉密尔顿、杰伊、麦迪逊：《联邦党人文集》，第 123 页。
② 约翰·罗德哈梅尔选编：《华盛顿文集》，第 436 页。
③ 约翰·罗德哈梅尔选编：《华盛顿文集》，第 534 页。

起，防止它们同欧洲列强建立起独立且不适当的，事实上是任何有可能将它们牵扯进欧洲政治纷争的关系。"① 在谢司叛乱的阴影下，1787 年 5 月，美国各路精英聚集宾夕法尼亚，召开制宪大会。9 月17 日，代表们通过了宪法草案。大会的成果超过了仅仅修改《邦联条例》的初衷，令一些国会成员非常愤怒。而新宪法的支持者很快便自称联邦党人（Federalists），其反对者们只得给自己贴上"反联邦党人"的标签。1787—1788 年，联邦党人以普布利乌斯（Publius）为笔名，与反联邦党人在大众报刊上展开了论战。最终，1788 年 6月 21 日，新宪法通过，美国成为联邦制国家，联邦党人的建国方案赢得胜利。但 1791 年颁布的《权利法案》（*Bill of Rights*）对新政府变大了的权力进行了约束，而这是反联邦党人的政治遗产。② 宪法被批准后，1788 年美国举行了第一次联邦国会和总统选举。1789 年 4 月 30 日，在临时首都纽约，华盛顿宣誓就职美国第一任总统。华盛顿任命汉密尔顿为财政部部长。1787 年 7 月 10 日，华盛顿曾致信汉密尔顿，称："在我看来，那些反对建立强有力政府的人都是些目光短浅的政客，或者他们都是受到了地方狭隘观念的影响。"③ 这是沿海低地世家与世界城市移民的结盟，前者以军功获得政治资本，后者掌握着复杂的理财技术，两者均认可中央集权与精英共和。不过，华盛顿任命了杰斐逊为执掌外事的国务卿，显示出他的政治平衡术。1792 年，华盛顿曾致信汉密尔顿："我衷心希望彼此能容忍对方的政见。伤人的猜忌和刺激性的指责充斥于报

---

① 约翰·罗德哈梅尔选编：《华盛顿文集》，第 571—572 页。
② 约翰·马克·法拉格等：《美国人的历史》，第 239—241 页。
③ 约翰·罗德哈梅尔选编：《华盛顿文集》，第 560 页。

章，这一情况如不改变，必定会将事情推向极端，从而导致国家解体。"① 1796 年，华盛顿致信杰斐逊："对那个明显提及而未提名的人（译者按：指汉密尔顿），我既反对过也赞同过他的意见，这些情况，他都了解……我确实是直到近一两年才明白，党派竟然发展到我所目睹的如此极端的地步。"② 美国独立之初有华盛顿这一享有崇高威望的军事领袖来黏合各方势力，是其未立即陷入分裂与内战的幸事。李剑鸣评价美国革命时指出："革命领导人之间也存在矛盾，但他们在价值上拥有共识，行事又富于理性和节制，擅长于妥协折中之术，没有让矛盾演化到不可调和的地步。"③ 这一结论是较为中肯的。

汉密尔顿是联邦党人的领袖。联邦党人的文集中有近半数文章是他撰写或参与撰写的。汉密尔顿的首要关切是削弱州权而建立强大的联邦中央政府，他认为州权过大会使各州如同独立的国家那样相互敌对："有些人竭力缓和我们对各州一旦不能联合时的不和与敌对所感到的忧虑，他们的教义与人类一般常识相去很远，所以人类对社会发展的长期观察，就成了政治上的原理。这就是：周围或接近的国家是天然的敌人。"④ 而且，邦联在行政上的进退失措也使汉密尔顿认为给一个统一的中央政府赋权迫在眉睫："他们（译者按：指反联邦党人）在承认合众国政府无能的同时，却反对授予政府补

---

① 约翰·罗德哈梅尔选编：《华盛顿文集》，第 690 页。
② 约翰·罗德哈梅尔选编：《华盛顿文集》，第 787 页。
③ 李剑鸣：《美国建国时期政治文化的主流》上册，商务印书馆 2023 年，第 55 页。
④ 汉密尔顿、杰伊、麦迪逊：《联邦党人文集》，第 28 页。

充此种能力所需的各种权力……他们似乎仍然盲目崇拜主权内的主权这种政治上的怪物。"① 汉密尔顿很妥帖地把邦联制比喻为了封建制，称"虽然古代的封建制度严格说来并非邦联，但它们却有点那种联合的性质"，即"每个主要诸侯在他自己的领地之内就是一种君主"，而其结果则是"继续不断地反抗君主的权力，大的贵族或主要领主之间经常发生战争"。他认为"邦联中各个政府可以恰当地与封建贵族相比拟"。② 从 18 世纪西方国家建构（nation/state building）的角度看，汉密尔顿反对的是在美国复刻欧洲的封建割据。

熟知古典历史的汉密尔顿将"结党营私、阴谋诡计、贪污腐化"视为共和政体"最危险的死敌"。③ 他及其同志推动了美国总统制的建立。作为行政权代表的总统，正是新的共和政体下的"王权"。汉密尔顿将行政能力视为良政善治的关键："软弱无力的行政部门必然造成软弱无力的行政管理，而软弱无力无非是管理不善的另一种说法而已；管理不善的政府，不论理论上有何说辞，在实践上就是个坏政府。"④ 要使行政部门有效运转，就必须使其拥有相对应的权力："使行政部门能够强而有力，所需要的因素是：第一，统一；第二，稳定；第三，充分的法律支持；第四，足够的权力。保障共和制度的安全，需要的因素是：第一，人民对之一定的支持；第二，承担一定的义务。以原则立场最坚定、态度最公允而著称的政治家和国务活动家，都曾宣布主张单一的行政首脑与庞大的

① 汉密尔顿、杰伊、麦迪逊：《联邦党人文集》，第 73 页。
② 汉密尔顿、杰伊、麦迪逊：《联邦党人文集》，第 84—85 页。
③ 汉密尔顿、杰伊、麦迪逊：《联邦党人文集》，第 347 页。
④ 汉密尔顿、杰伊、麦迪逊：《联邦党人文集》，第 356 页。

立法机构并存。"① 汉密尔顿反复强调行政权统一的重要性："统一才有力量，这是不容争议的。一人行事，在决断、灵活、保密、及时等方面，无不较之多人行事优越得多；而人数越多，这些好处就越少。"② 当然，他也区分了共和政体下行政首脑与传统王权的差异："合众国总统为民选任期四年的官员；英国国王则是终身和世袭的君主。前者个人可以受到惩罚和羞辱；后者则其人身神圣不可侵犯。"③ 汉密尔顿费尽心思通过分析美国总统的权力小于英国国王来劝说其同胞接受总统制："美国总统有权驳回立法机构两院通过的法案，要求重新审议；而法案如果经过审议复由两院的三分之二多数通过即成为法律。英国国王则对议会两院立法享有绝对的否决权。"④ 但埃里克·纳尔逊看得很明白："虽然汉密尔顿常常利用这一点来缓解其同僚们的焦虑，但他自己其实对此深感惋惜。"⑤ 汉密尔顿以迂回战术推进其核心战略。

比起产生过古典民主制的小国寡民的古希腊，汉密尔顿更心仪建立了大帝国的古罗马共和国的历史经验："罗马史上记载多次有害于共和的参政间的分歧，以及代替参政执政的军事护民官间之分歧。另一方面，罗马史却提供不出任何样本，足以说明行政长官一职多人对于国家会有任何具体的好处。"⑥ 直到今天，美国人亦不忌讳将美国视为帝国（empire）——有些是出于批判的立场——这与

① 汉密尔顿、杰伊、麦迪逊：《联邦党人文集》，第 356 页。
② 汉密尔顿、杰伊、麦迪逊：《联邦党人文集》，第 357 页。
③ 汉密尔顿、杰伊、麦迪逊：《联邦党人文集》，第 355 页。
④ 汉密尔顿、杰伊、麦迪逊：《联邦党人文集》，第 350 页。
⑤ 埃里克·纳尔逊：《王权派的革命：美国建国的一种解读》，第233页。
⑥ 汉密尔顿、杰伊、麦迪逊：《联邦党人文集》，第 357 页。

开国时代"国父"们对古罗马经验的钟情亦不可谓没有关联。实际上，1777 年美国革命战事方酣时，汉密尔顿就在军营里通过阅读古希腊罗马史典籍，研究混合君主制背景下专权的恰当形式与限度。[①]"新罗马"自诞生之初就在智识上流淌着古罗马的血液。有趣的是，同样是在革命期间，杰斐逊就对古罗马经验不以为然。他写下过这样的句子："他们（译者按：指美国人）从罗马历史中寻找先例，只有在罗马历史中找得到，也只有在罗马历史中证明它是致命的……他们（译者按：指古罗马人）的宪法允许拥立一个临时的暴君，称之为执政官，那个临时的暴君，七变八变，变成终身任职了。"[②] 杰斐逊很清楚罗马从共和走向帝国是怎么一回事，也和汉密尔顿一样清楚罗马共和的皮下可以隐藏着怎样的君主式权力。1787 年 3 月，杰斐逊在写信给一位法国夫人时，称："我从早到夜钻在古人堆里。对我来说，罗马城实际上是存在于它的帝国的全部辉煌之中的。"[③] 熟悉罗马史，才能运用罗马史与政敌对抗。

　　建立强大的中央政府既是为了消弭潜在的内战，又是为了对抗外部的地缘政治威胁，这就需要再建立一支军队作为实质性的保障手段。汉密尔顿援引欧洲经验称："欧洲大陆上经常保持的训练有素的军队，虽然对自由和节约是有害的，但在以下两方面却有极大好处：其一是，使突然征服成为不可能，其二是，能防止有常规军以前经常作为战争进展标志的土地迅速荒芜的现象发生。"[④] 尤为重要的

---

① 埃里克·纳尔逊：《王权派的革命：美国建国的一种解读》，第 206 页。
② 托马斯·杰斐逊：《杰斐逊选集》，第 248 页。
③ 托马斯·杰斐逊：《杰斐逊选集》，第 410 页。
④ 汉密尔顿、杰伊、麦迪逊：《联邦党人文集》，第 35 页。

是，汉密尔顿鼓吹美国要建立海军以保障自己的商业利益，这可以说开 19 世纪末马汉（Alfred Thayer Mahan）海权论之先河了。汉密尔顿认为，随着美国经济的发展，欧洲列强会将这个新国家视为威胁："美国商业特征所表现的冒险精神，已经使欧洲的几个海上强国感到不安了。它们似乎对我们在运输业方面造成的太多干扰感到忧虑，而运输业却是它们航海业的支柱和它们的海军力量的基础。"① 汉密尔顿指出，美国建立海军是国家发展的必然逻辑："在一个生气勃勃的全国政府下面，国家的自然力量和资源都导向共同的利益，能够挫败欧洲各国因妒忌而联合起来阻止我们发展的图谋……活跃的贸易、大规模的航海事业和蓬勃发展的海军，将是精神上和物质上的必然产物。"② 他还分析了缺乏海权会导致欧洲的海运国家破坏美国的对外贸易自主权，使美国蒙受经济损失："海运国家有力量利用我们各方面的无能，来规定我们政治上存在的条件……他们多半会联合起来用实际上造成破坏的方式来扰乱我们的航海事业，而且限制我们只能从事依赖外国船只的进出口贸易。于是我们只好满足于我们商品的第一个价格，眼看我们的贸易利润被夺走，我们的敌人和迫害者因而发财致富。"③ 汉密尔顿警惕的是当时欧洲列强普遍采取的重商主义政策，而美国走向独立的直接原因之一，恰恰是为了摆脱英国重商主义体系施加的压迫。因此，汉密尔顿很现实地意识到，没有军事与经济的独立，政治的独立将无从保障。他强调，建立联邦有助于调动资源打造强大的海军，并使美国各州更紧密地

① 汉密尔顿、杰伊、麦迪逊：《联邦党人文集》，第 52 页。
② 汉密尔顿、杰伊、麦迪逊：《联邦党人文集》，第 54 页。
③ 汉密尔顿、杰伊、麦迪逊：《联邦党人文集》，第 55 页。

联系在一起，在国民经济上加强一体化，在文化认同上产生一体感：

> 对于建立海军这一伟大的全国目标来说，联邦将在各方面做
> 出贡献。每一个组织的生长和发展都是同集中用于创立并维持该
> 组织的资财数量成比例的。建立合众国的海军这一目标，由于它
> 能利用全国的资源，要比任何一个州建立海军或部分邦联建立海
> 军能更快地达到，因为后二者只能利用部分的资源。的确，联邦
> 美国的各部分，对于这个重要组织各有其特殊的有利条件。更靠
> 南部的几个州，生产较多的柏油、沥青、松脂精这几种海军必需
> 品。这些州生产的建造军舰用的木材，质地也比较坚固耐久。
> 组成海军的军舰，如果主要用南部木材来建造，其耐久性的差
> 别，无论从海军力量或国家节约的角度来看，都是非常重要的。
> 南部和中部的某些州产铁较多，质量也较好。大部分海员必须
> 从人口密集的北部去招募。对外贸易或海上贸易需要海军保
> 护，正如这种贸易能助长海军的繁荣一样，无须特别阐明。[①]

汉密尔顿这一套制造业、对外贸易与海权三位一体的理论，实
际上承袭了英国的重商主义体系。他呼吁美国建立海军以构筑一个
对美国更有利的国际秩序："但愿美国人不屑于做大欧洲的工具！
但愿十三州结成一个牢不可破的联邦，同心协力建立起伟大的美国
制度，不受大西洋彼岸的一切势力或影响的支配，并且还能提出新
旧世界交往的条件！"[②] 汉密尔顿心目中的美利坚应该是一个面向海

---

① 汉密尔顿、杰伊、麦迪逊：《联邦党人文集》，第 56 页。
② 汉密尔顿、杰伊、麦迪逊：《联邦党人文集》，第 57—58 页。

洋的商业民族："如果我们要想成为一个商业民族，或者要保持大西洋这边的安全，我们必须尽快地为有一支海军而努力。因此就必须有造船厂和兵工厂，为了保卫这些工厂，就要有防御工事，也许还要有守备部队。"① 这种由"军事-工业综合体"（Military-Industrial Complex）来拉动现代化的方案，在此后的一个多世纪中将上演于不同的国度。

生活于 21 世纪的人们很难想象，美国没有海军的世界是何种面貌，然而在美国独立之初，反对建立海军确实是一批开国元勋的主张。在美国已经成为联邦后，围绕杰斐逊、麦迪逊形成的与联邦党人对立的"共和党人"②，便坚决反对建立海军，认为海军只是国王和暴君的玩物。一名共和党参议员讽刺"所有人无时无刻不在讨论着建造军舰"，而他深信"联邦党人故意夸大了美国面临的险境"，并称建立海军等效法欧洲列强的举措"对子孙后代而言，实属弥天大罪"。③ 直到 1799 年，杰斐逊仍表示："在国防方面，我赞成在敌人真正入侵前完全依靠民兵。我赞成建立一支仅限于能够保卫我们的海岸和港口，防止我们曾经遭受过的掠夺的海军，而不赞成在和平时期维持一支可能吓唬人民，伤害人民感情的常备军，也不赞成建立这样一支海军，其费用以及它使我们卷入的无穷无尽的

---

① 汉密尔顿、杰伊、麦迪逊：《联邦党人文集》，第 122 页。

② 美国建国初期杰斐逊的共和党，与今天的共和党没有直接的历史渊源。从经济思想史的角度看，今天共和党的前身国家共和党、辉格党实际上部分地继承了汉密尔顿路线，直到林肯时代亦是如此，但后来共和党的政策倾向性又发生了变化。中国读者切勿将美国的"共和党"视为一个思想上秉承初心、组织上赓续不断的政党。

③ 伊恩·托尔：《六舰：美国海军的诞生与一个国家的起航》，何文忠等译，中信出版集团股份有限公司 2019 年，第 55 页。

战争会使我们不胜负担，使我们永世不得翻身。"① 在 18 世纪末与
19 世纪初，航海技术尚停留于风帆时代，大西洋看起来是美国与
欧洲之间的天然屏障。然而，汉密尔顿充满远见地写道："虽然合
众国与欧洲远隔重洋，但是有种种考虑要求我们不要有过于信任或
过于安全之感……航海技术的进步，就交通便利而言，使相距遥远
的国家在很大程度上变成近邻。"② 当时已经在进行的工业革命，令
汉密尔顿的预言成真。1789 年美国联邦政府成立后，纽约曾举行一
场盛大游行以示庆祝，游行队伍中最令人印象深刻的是一个有房子
大小、装有轮子的舰船模型，这艘模型船被命名为"汉密尔顿"。③
经过一系列斗争与妥协，联邦党人构想的统一的、向海图强的新国
家，最终扬帆起航。

　　冷战时代的美国政治学者亨廷顿（Samuel Huntington）对汉密
尔顿颇不以为然，声称："只有像汉密尔顿那样的推行现代化的独
裁者才会在美国鼓吹欧洲民主分子所拥护的那种集权。"④ 这句话对
汉密尔顿与欧洲"民主分子"都有刻意的误读之嫌，但将汉密尔顿
称为一个"推行现代化的独裁者"亦多少符合事实。与亨廷顿同时
代的冷战斗士、美国经济学家罗斯托（W. W. Rostow）是最早的现
代化研究理论家之一，他将一国经济现代化分为五个阶段，其最重
要的阶段为"起飞"，而在起飞之前，存在一个"起飞前提条件"阶
段，这一阶段需要创造的条件包括："在政治方面，建立一个有效

---

① 托马斯·杰斐逊：《杰斐逊选集》，第 533 页。
② 汉密尔顿、杰伊、麦迪逊：《联邦党人文集》，第 121 页。
③ 伊恩·托尔：《六舰：美国海军的诞生与一个国家的起航》，第 44—45 页。
④ 塞缪尔·亨廷顿：《变化社会中的政治秩序》，第 103 页。

的中央集权的民族国家是起飞前创造条件阶段的一个决定性的方面，而且差不多普遍是起飞的一个必要条件。这种中央集权国家以带有新民族主义色彩的联盟为基础，反对传统的地区性地主集团、殖民政权，或者两者都反对。"① 按照这一理论，以汉密尔顿为首的联邦党人打造的联邦制，就是在为美国的现代化创造条件。至于其政体上的遗产，不妨直接看看亨廷顿的评论："在功能与权力方面，美国总统等于都铎时代的国王。无论在个性与能力方面还是在机构的职责方面，林登·约翰逊（Lyndon Johnson）都远比伊丽莎白二世更像伊丽莎白一世。英国保留着旧君主制的形式，而美国则保留着其实质。今天美国仍有一位国王，而英国则徒有一项王冠。"② 联邦党人的建国大业延续了"王权派的革命"未竟之业，其成果保留至今。

三、公共信用为立国之基

1789 年 10 月 6 日，汉密尔顿从纽约写信给拉法耶特，称："我想……你们一定听说了，我已经被任命为这个国家的财政部部长，我相信这件事会使你们感到高兴。承担这项职责，我冒了很大风险，但我认为这是一个需要我冒险的场合。"③ 华盛顿最初想让莫里斯担任财政部部长，但莫里斯谢绝了邀约，并推荐了汉密尔顿。汉密尔顿是美国开国财长的合适人选，首先，他具有成功的理财经验，能够进行制度设计；其次，他是华盛顿的亲密盟友，其想法能

---

① 罗斯托：《经济增长的阶段：非共产党宣言》，郭熙保等译，中国社会科学出版社 2001 年，第 7 页。
② 塞缪尔·亨廷顿：《变化社会中的政治秩序》，第 93 页。
③ Joanne B. Freeman edit：*Alexander Hamilton: Writings*，p.521.

获得政治支持；最后，他与莫里斯观点基本一致，在商界亦有广泛人脉，能调动资源支持其政策。汉密尔顿为美国的财经体制奠定了基础。

　　20世纪后期西方学术界兴起的"新财政史"研究提出了"财政国家"（fiscal state）理论，指出军事需求驱动欧洲部分国家建立起比较发达的财政体制，"自我持续成长"是近代财政国家的一种内在发展模式。但是，只有英国一个国家达到了财政国家比较高级的阶段，因此能够抵御军事超级大国即拿破仑帝国的侵犯。[①] 财政国家理论主要用于解释中世纪后期至19世纪欧洲国家的演化，但从某种意义上说，18世纪末的美国面临着同样的国家建设压力，其重担则压在了汉密尔顿肩上。汉密尔顿心仪英国这一当时最高级别财政国家的体制，更使得以财政国家理论来审视美国史意味深长。1787年，汉密尔顿在文章中曾拿德国作为反面教材："德意志皇帝的世袭领地包括面积广大、人口稠密的肥沃的可耕地，而且大部分位于气候温暖的富饶地带。在这些领地的某些地方，还能发现欧洲最好的金矿和银矿。然而，由于对商业力量缺乏鼓励，皇帝的岁入微不足道。他有好几次为了保存自己的重要利益不得不向别国借债，而且无法依靠自己的财力来维持一次长期的或持续的战争。"[②] 在1788年的一篇文章中，汉密尔顿指出军事需求构成国家财政最大的压力："每个政府支出的主要起因是什么？是什么东西使得几个欧洲国家债台高筑？回答很清楚，是战争和叛乱，是维持了国家

---

　　① 理查德·邦尼主编：《欧洲财政国家的兴起：1200—1815年》，沈国华译，上海财经大学出版社2016年，第13—14页。
　　② 汉密尔顿、杰伊、麦迪逊：《联邦党人文集》，第59页。

为防范这两种致命的社会病症所必需的那些机构。"他还以英国为例进行说明："在大不列颠王国，一切浮华的君主国机构得到供养，国家每年收入的不到十五分之一拨作上述一类开支，而其他十五分之十四全部用于支付该国因进行战争而欠下的债务利息以及维持舰队和陆军方面。"[①] 在这一点上，华盛顿深有同感。1780 年 5 月 28日，独立战争仍未结束时，华盛顿就分析了英国的战争潜能："现代战争中往往是经济实力的雄厚与否决定着战争的胜负。我担心敌军的经济基础是最雄厚的。尽管她的政府已经负债累累并理所当然地很穷，但那个国家很富，而且它的财富能提供出的资金是不可能那么容易就消耗完的。此外，他们的公共信贷体制也很好，能比其他的任何国家坚持更长时间。抽象理论家们早就预言了她的衰落，但我们还看不到任何迹象表明她很快就要大难临头了。"作为对比，他还分析了西班牙的缺陷："西班牙从她的矿产中获得了巨大的财富，但财富的数额并没有普遍想象的那么大……贸易和工业是一个国家最好的矿藏，而她在这两方面都很缺乏。"[②] 汉密尔顿成为财政部部长后，有了机会与资源去打造一个类似英国的财政国家体制，将经济系统与军事力量的结合永久化。1794 年，弗吉尼亚州的一名参议员便讽刺道："现在是不是该问一问，设计宪法是为了创造新政府，还是只是为了创造一种英国式财政体系？"[③] 这一诘问可谓抓住了汉密尔顿工作的要点。

---

① 汉密尔顿、杰伊、麦迪逊：《联邦党人文集》，第 164 页。
② 约翰·罗德哈梅尔选编：《华盛顿文集》，第 326—327 页。
③ 霍普金斯：《美利坚帝国：一部全球史》，薛雍乐译，民主与建设出版社2021 年，第 127 页。

　　1789 年，美国实施进口关税和船舶吨位税，以为新政府提供财政收入。由于着眼于税收而非保护国内产业，关税与船舶吨位税的税率均较低。不久，政府就开始征收国内消费税。① 这是汉密尔顿作为财政部部长打造财政新体制的第一步，也可以算是常规性的举措。而当时美国面临的更紧迫问题还是政府负债如何偿还。

　　在联邦成立前，旧的邦联欠债累累，不同的州也有着不同的应对举措。汉密尔顿建议联邦政府全额偿还拖欠国内外债权人的债务，承担各州在此前 15 年间新增的债务，并提出发行新的计息国债，按照票面价值全额替换政府在革命期间发行的所有纸币、凭证和债券。② 汉密尔顿的方案在他于 1790 年 1 月 9 日提交的《关于公共信用的报告》（*Report on Public Credit*）里有所阐述。在这份报告中，汉密尔顿称：

　　　　在国家事务中，可以预料到会出现紧急状况，借款是必要的。

　　　　在公共危机时期，特别是在对外战争时期，贷款是一种不可或缺的资源，即使对最富裕的国家也是如此。

　　　　一个国家如果很少拥有活跃的财富，换句话说，很少拥有货币资本，则其对这种资源的需求，在紧急状况下，有着与之相称的迫切性。

　　　　一方面，在特殊紧急情况下借款的必要性是毋庸置疑的；

---

　　① 普莱斯·费希拜克、斯坦利·恩格曼等：《美国经济史新论》，张燕等译，中信出版社 2013 年，第 107 页。
　　② 约翰·马克·法拉格等：《美国人的历史》，第 244 页。

另一方面，同样明显的是，为了能够以良好的条件借款，一个国家必须建立良好的信用。

因为当一个国家的信用在某种程度上出现问题时，它总是会以这样或那样的形式，对它有机会借到的所有贷款给予过高的溢价。在未来购买任何东西进行支付时，也会维系于同样不利的条件下。

不难想象，从这种不断借贷和购买的需求中，一个国家不健全的公共信用状况，在一定时间段内会额外增加多少开支。①

由此，汉密尔顿得出一个结论："如果维护公共信用真的如此重要，那么，下一个问题就是，通过什么手段来实现它呢？对这个问题的现成答案是：通过诚信，通过准时履行合同。国家就像个人一样，只有遵守约定时才会受到尊重和信任；而那些追求相反行为的人，命运亦相反。"② 进一步说："诚信是公共信用的基础，虽然恪守诚信是出于政治权宜之计的强烈动机，但它也是出于更大权威的考虑而强制执行的。"③ 正是在论述美国因独立而产生的债务问题时，汉密尔顿说出了那句名言： "这是自由（liberty）的代价（price）。"④ 从这些论述可以看到汉密尔顿坚持联邦政府全额偿还拖欠债务的理由。

汉密尔顿对公共债务的好处进行了分析：

---

① Joanne B. Freeman edit：*Alexander Hamilton：Writings*，pp.531 - 532.
② Joanne B. Freeman edit：*Alexander Hamilton：Writings*，p.532.
③ Joanne B. Freeman edit：*Alexander Hamilton：Writings*，p.533.
④ Joanne B. Freeman edit：*Alexander Hamilton：Writings*，p.533.

公共债权人从构成公共债务的那部分财产的增值中获得的好处是无须解释的。

但是，这里有一个后果，不那么明显，却同样真实，其他每一个公民都感兴趣。这是一个众所周知的事实，在那些恰当地建立了国家债务的国家，当国家债务成为可信任的对象时，它满足了货币的大部分目的。在那里，股票或公债的转让相当于以货币支付；或者换句话说，正是股票，在商业的主要交易中，像实物那样流通。在同样的情况下，同样的事情很可能也会在这里发生。

其收益是多方面与明显的。

首先，贸易由此拓展；因为有更大的资本来运营，与此同时，商人又负担得起利润较小的贸易；因为他的股票在他失业时给他带来了来自政府的收益，当他在商业经营中需要钱时，也可以作为他的货币。

其次，农业和制造业也因此得到促进；基于同样的原因，可以令更多的资本用于这两方面；也因为那些从事对外贸易的商人，被赋予更多活力与拓展性，有了更多的手段创业。

第三，货币的利息会因此降低；因为这总是与货币的数量和流通的速度成正比的。这种情况将使公众和个人都能以更容易和更便宜的条件借贷。

这些效果的结合，将为劳工、产业（industry）和各种艺术提供额外的帮助。

然而，公共债务的这些良好影响，只有在资金充足的情况下，才有可能获得足够的、稳定的价值。在此之前，它有一种相反的趋势。在没有资金的国家，公共债务的波动与不安全使它仅仅是一种商品，而且是不稳定的商品。因此，面对这样一个偶然的和特殊的投机对象，所有的钱都从更有用的流通渠道转移了，而这个东西本身没有替代品。所以，事实上，没有资金支持的债务的一个严重不便，是其助长了货币的稀缺。①

尽管汉密尔顿是在就实际问题撰写报告，但他还是尽可能进行了理论分析，这一点在后来的报告中也是如此。究其原因，汉密尔顿正在创造新的制度与制定新的政策，而在当时的美国，这些制度与政策存在着强大的反对意见，必须通过公共辩论来争取支持，使制度与政策构想得以真正落实。

汉密尔顿在报告中提出的解决债务问题的方案大略如下：

为了执行这一计划，财政部部长将假定，作为一种可能性，在政府和它的债权人方面都有足够的理由进行计算，即美国的货币利息将在5年内降至5%，在20年后降至4%。在部长看来，很有可能的情况是，这种下降会更快、更大；但他宁愿采取一种折中的办法，这种办法最有可能取得债权人的同意，而且本身也比较公平；因为它是以概率为基础的，在一方面可能出错，在另一方面也可能出错。

在此前提下，财政部部长向众议院建议按下列条件全额偿

① Joanne B. Freeman edit: *Alexander Hamilton: Writings*, pp.534 - 535.

还各州与合众国的债务。

第一，每认捐 100 美元，该债务（连同利息和本金），应由认捐者自行决定是否获得其三分之二、以年金形式偿付，或者获得 6% 的年息，政府愿意支付本金时可赎回；另外三分之一的西部土地，按每英亩 20 美分的利息赎回。

或者，以年金或年息 4% 的方式提供全部款项，每年支付本金和利息均超过 5 美元而不可赎回；在前一种情况下，作为减少利息的补偿，得按土地支付 15 美元 80 美分。

或者，将 66 美元又 1 美元的三分之二立即作为基金的年金，或者年利率为 6%，每年支付超过 4 美元又 1 美元的三分之二，本金和利息即可赎回；并在 10 年期满时，以同样的利息和兑换率存 26 美元 88 美分。

或者，在剩余的生命中获得年金，根据活到给定年龄的偶然性，不少于 10 年，计算利息为 4%。

或者，如果两个人中最小的那个去世了，就有终身年金，在这种情况下，计算利息也为 4%。

除了上述全部由债务偿还的贷款外，部长建议按下列计划设置一项 1 000 万美元的贷款。

认股人每认 100 美元，一半以货币支付，一半以债务支付（连同本金和利息），有权得到年息 5% 的年金或年息，如果每年的本息超过 6 元则不可偿还。①

---

① 　Joanne B. Freeman edit：*Alexander Hamilton: Writings*，pp.553 – 554.

这是一个看起来眼花缭乱的方案，18 世纪的英文以及汉密尔顿特有的好用分号隔断句子的习惯，也使翻译或许未能清晰表达原意。简单地说，汉密尔顿决定对利率为 4%—5% 的外债进行无条件偿付，对利率为 6% 的内债则按不同情况区别对待。上述引文即相当于一个冗长的自选清单，让国内债权人自行选择如何获得偿付，如第一条中，债权人可以收到部分利息偿付和部分西部土地，以享受西部土地升值的好处，又或者以较低的利率在较长时间内被偿付。[①] 当时美国的债务总额大约为 8 000 万美元，相当于美国 1790 年国民生产总值的 40%，而由于商品经济落后，美国债务总额占其货币化市场部分的比例远远大于 40%。汉密尔顿的方案是，建议发行不同的政府债券来偿还全部债务，然后用铸币或类似可兑换银行券这样的铸币等价物，在债券各期支付利息，到期支付本金。汉密尔顿提议国家征收关税和国内消费税来取得铸币收入。[②] 汉密尔顿及其同盟者建立了一个偿债基金，用来回购政府债券，同时协助汉密尔顿实施今天所谓的公开市场操作，以使财政稳定。[③] 这如同今日理财、保险行业精算师给客户推荐的"套餐"。可以想见的是，这一方案的复杂性既是美国那些农村居民所难以透彻理解的，也不会讨农业地区精英如杰斐逊的喜欢。音乐剧《汉密尔顿》里杰斐逊的台词贴切地表现了这一点，坦率地说，那句"这么多该死的页码"（too many damn pages）也很符我在阅读和翻

[①]　Ron Chernow：*Alexander Hamilton*，pp.298 - 300.

[②]　斯坦利・恩格尔曼、罗伯特・高尔曼主编：《剑桥美国经济史》第 2 卷，王珏等译，中国人民大学出版社 2008 年，第 356 页。

[③]　普莱斯・费希拜克、斯坦利・恩格曼等：《美国经济史新论》，第 107 页。

译时的心情：

> 这个财政计划，
> 超出基本需求过大。
> 还有这么多该死的页码，
> 没有人能读懂它。①

　　汉密尔顿使用了一点计策使他的方案获得通过，包括以首都选址问题与反对派进行政治交易。杰斐逊对此愤恨不已。他当时刚从法国回来，对情况不熟悉，扮演了和事佬的角色。杰斐逊很敏锐地看到了汉密尔顿的方案使财政部能够经济利益收买议员，从而操纵政治议程："汉密尔顿……对东部议员树立的影响，还有罗伯特·莫里斯对中部州议员起的作用，使得他如愿以偿，各州所欠债务由联邦承继这一法案因而获得通过，2 000 万证券由受惠州分享，作为养料奉送给一群证券投机者。这就使财政部增加了不少追随者，使得财政部头头能够操纵议会每一张可能使政府走适合他的政治见解的路线的票。"② 汉密尔顿创建的模式堪称一种如假包换的资产阶级政治。

　　独立战争期间，大陆会议发行的贷款办公室证书可以用大多数比较热销的联邦政府债券兑换。1789 年新政府刚成立时，每 1 美元的凭证大约以 23 美分交易，次年汉密尔顿的报告出笼后，价格上

---

　　①　Lin Manuel Miranda and Jeremy McCarter：*Hamilton：The Revolution*，p.161.

　　②　托马斯·杰斐逊：《杰斐逊选集》，第 138 页。

涨到 40 美分，等汉密尔顿的方案于 1790 年 8 月通过后，又上涨到 60 美分。1791 年 8 月，该凭证的价格开始与面值一致，又过一年后，其价格已超出面值 10%—20%。[1] 由于不少国会议员通过内部消息从政府债券中获利，如杰斐逊所言，汉密尔顿大受欢迎。当然，这也使汉密尔顿与杰斐逊等人之间的党争愈加激烈。

四、 开国财长的银行计划

从财政国家的角度看，创建有权发行纸币的中央银行，对于需要筹措资金的政府来说再理想不过了。[2] 1790 年 12 月 13 日，汉密尔顿遵照众议院 8 月 9 日的命令，又提交了《关于国家银行的报告》(*Report on a National Bank*)。这也被认为是汉密尔顿整理联邦财政第二阶段的工作。正如他所言："国家银行是一个对繁荣的财政管理至关重要的机构，在支持公共信用的相关运作手段中具有最大的效用，故财政部部长的注意力被吸引到设计这样一个机构的计划上，一家大规模的国家银行将获得信心，并有可能在出现公共紧急状态时提供与之相符的信心。"[3] 不过，在讨论这一计划的细节前，汉密尔顿要进行一些理论铺陈，毕竟，银行在当时的美国是一种新生事物，也不乏反对力量。

在报告的开篇，汉密尔顿简要追溯了一下银行的历史，称公共银行（public Banks）在最开明的商业国家获得了发展是众所周知

---

① 斯坦利·恩格尔曼、罗伯特·高尔曼主编：《剑桥美国经济史》第 2 卷，第 356 页。

② 理查德·邦尼主编：《经济系统与国家财政——现代欧洲财政国家的起源：13—18 世纪》，沈国华译，上海财经大学出版社 2018 年，第 558 页。

③ Joanne B. Freeman edit：*Alexander Hamilton: Writings*，p.575.

的事实，它们先后在意大利、德意志、荷兰、英国、法国以及美国取得了许可。银行既然已经存在了几个世纪，在建立了银行的国家里，其效用就不成问题，理论家和商人都承认这一点。① 汉密尔顿分析了银行的主要优势，包括：首先，银行增加了一个国家的活跃的或有生产性的资本。其次，银行使政府更容易获得经济援助，尤其在突发的紧急情况下。第三，银行方便了纳税。② 汉密尔顿还驳斥了那种认为银行把借贷资源限制于特定阶层从而使其他阶层更贫困的观点。③ 当然，这一点是当时美国的农民和农业地区精英无论如何都难以认可的。例如，来自大阿拉巴契亚地区的安德鲁·杰克逊（Andrew Jackson）就自认为吃过银行的苦头，他当上美国总统后，发起了反对银行的斗争。汉密尔顿还讨论了银行与贵金属流通的关系。他指出："……似乎可以推论，组织良好的银行倾向于增加贵金属。已被证明的是，它们以不同的方式增加了国家的活跃资本。正是这种资本创造了就业机会，刺激并扩大了劳动（labor）与产业（industry）。资本的每一次增加，都有助于劳动与产业的大量投入，往往会使两者生产更多产品。而且，通过为出口提供更多材料，有利于贸易的平衡，从而促进黄金和白银的引入与增加。"④ 汉密尔顿称，他对相关问题的讨论足以让人对银行的效用产生充分的信心，因为他证明了银行不仅在财政管理方面，而且在政治经济的一般体系（general system of the political economy）中，都是非常

---

① Joanne B. Freeman edit：*Alexander Hamilton: Writings*，p.575.
② Joanne B. Freeman edit：*Alexander Hamilton: Writings*，pp.576 - 579.
③ Joanne B. Freeman edit：*Alexander Hamilton: Writings*，p.582.
④ Joanne B. Freeman edit：*Alexander Hamilton: Writings*，p.587.

重要的。^① 他写道："在这些情况下，银行的作用是最明显的。它们使政府能够偿还外债，并应对由共同体外部问题所可能引发的任何紧急情况。当特殊情况阻碍了商人以其他方式汇款时，银行使商人能够支撑他的信用（贸易繁荣所依赖的信用）。"^② 在讨论完一般性的理论问题后，汉密尔顿就开始结合美国的历史与现实来分析建立国家银行的理由与路径。

汉密尔顿指出了当时美国有三家银行，即费城的北美银行、纽约的纽约银行以及波士顿的马萨诸塞银行。这其中最重要且适合作为国家银行模板讨论的就是罗伯特·莫里斯创建的北美银行。汉密尔顿称北美银行在独立战争后期对美国的支持至为重要，但美国独立后该行通过了在宾夕法尼亚州的新章程，缩小了自身的基础，无法实现作为国家银行的广泛目标。^③ 因此，汉密尔顿指出，美国需要建立一家新的国家银行。汉密尔顿写道："应该考虑到，这样一家银行（译者按：指国家银行）不仅仅关系到私人财产那点小事，而且是国家最为重要的政治机器（political machine）。"^④ 汉密尔顿是从国家战略全局的高度来设计美国的金融体制的。在强调了国家银行的重要性之后，汉密尔顿写下了多达 24 条的具体计划。兹将该计划的内容摘录如下：

　　第一，银行股本不得超过一千万美元，分为二万五千股。

---

① Joanne B. Freeman edit：*Alexander Hamilton: Writings*，p.589.
② Joanne B. Freeman edit：*Alexander Hamilton: Writings*，p.589.
③ Joanne B. Freeman edit：*Alexander Hamilton: Writings*，p.593.
④ Joanne B. Freeman edit：*Alexander Hamilton: Writings*，p.599.

每股四百元；为了筹资，认购将于次年四月的第一个星期一开始，直至全部认购完毕为止。政治实体和个人均可认购。

第二，每股数额应予支付，四分之一以金币和银币支付，四分之三以公共债务的那部分支付，根据为美国债务作出规定的法案所提议的贷款，公共债务在支付时应按每年6％的利息计息。

第三，各笔认缴的款额应以等额的四份分期偿还，包括铸币和债务，分期偿还，间隔六个日历月；第一笔款项应于认缴时缴付。如果在以后的任何付款中出现失败，失败的一方应失去在支付该付款之前和延迟支付期间可能产生的任何股息的利益。

第四，银行认股人及其继承人应成立公司并存续，直至由公共债务组成的那部分股票最终赎回为止。

第五，公司持有不动产和个人财产的能力限定为不得超过一千五百万美元，包括其资本或原始股票的金额。公司所允许持有的土地和房屋，只应是为该机构立即提供食宿所必需的；并应以担保的形式善意地抵押给该机构，或在其通常交易过程中为清偿以前订立的债务而转让给该机构，或根据该债务导致的判决在出售时购买。

第六，公司的债务总额，不论是债券、汇票、票据还是其他合同所欠的债务（存款除外），不得超过公司的股本总额。如有超出，应由进行管理的董事以其私人或单独的身份承担责任。持不同意见的董事可以立即将事实和他们的不同意见通知美国总统，并在行长要求召开的股东大会上通知股东，以免除这一责任。

第七，公司可出售或转让其土地和物业，或出售其股票构成的全部或部分公共债务；但除汇票、金银条或出售抵押贷款的货物外，不得从事任何交易；其贷款或贴现的年利率不得超过6%。

第八，银行不得为美国政府的需用或以美国政府的名义，或其中任一理由，发放超过五万美元的贷款，也不得向任何外国王子或国家发放贷款；除非事先得到美国法律的授权。

第九，银行的股份可以根据公司在该地区制定的规则进行转让。

第十，银行的事务由二十五名董事管理，其中一人为行长。每年一月的第一个星期一，由股东投票以多数票选出任期一年的董事。董事们在选举后的第一次会议选出他们中的一员为行长。

第十一，股东所享有的表决权，按照其所持有的股份数量，按下列比例计算，即一股和不超过两股的一票；两股以上不超过十股的，每两股一票；十股以上不超过三十股的，每四股一票；三十股以上不超过六十股的，每六股一票；六十股以上不超过一百股的，每八股一票；超过一百股的，每十股一票。但任何个人、合伙企业或政治实体的投票权不得超过三十票。第一次选举后，凡在选举日之前三个日历月未持有的股份，均不得授予选举权。实际居住在美国境内的股东和其他任何人不得通过代理人在选举中投票。

第十二，除行长外，不超过四分之三的在任董事有资格担任下一年度的董事。但在选举时担任行长的董事可随时连任。

第十三，只有持有美国国籍的股东才有资格担任董事。

第十四，任何人数不少于六十的股东，加起来应拥有二百股或以上的股份，有权在任何时候为与本机构有关的目的召开股东大会；大会召集人应提前给出至少六周的时间，在银行所在地的两份公共报纸上，发出通知，并在通知中说明大会的目的。

第十五，如董事死亡、辞职、不在美国或被股东免职，其席位可在本年度剩余时间内由新的人选填补。

第十六，除非股东在股东大会上批准，否则董事无权获得任何报酬。股东应在其认为合理的范围内，对行长在银行的超期任职给予补偿。

第十七，董事会应由不少于七名董事组成。

第十八，每名出纳或司库在履职前，应向董事提供两名或两名以上的保证人，保证金不少于两万美元，以担保其品行良好。

第十九，董事认为有必要时，应将银行的利润每半年派息一次。董事应每三年在股东大会上向股东提交一份准确而详细的债务说明，说明在原信贷期满后未付的债务，期限为原信贷期的三倍，以供参考。如有扣除亏损和股息后的剩余利润，应予以说明。

第二十，银行最初以金币或银币支付或应凭票据要求支付的款项，在向美国支付的一切款项中均可收取。

第二十一，美国财政部部长应随时根据其需要，但每周不超过一次，要求银行提供其股本总额和所欠债务的报表、流通中的票据和手持现金的报表，并有权检查与上述报表有关的银行账簿上的总账目。但此项权利不得被解释为暗示有权检查任何个人或个人在银行的此种账户。

第二十二，在本提议设立的机构存续期间，美国今后的任何法案不得设立类似的机构。

第二十三，银行董事可在美国境内任何他们认为合适的地方，合法地设立专门从事贴现和存款业务的办事机构，其条件和方式与银行相同；并将上述办事机构的管理和贴现的办理，根据他们认为适当的协议和规章，在不违反法律和银行章程的前提下，委托给他们特别指定的代理人，或委托给居住在任何有这种机构的地方的股东所选择的人。

第二十四，最后，美国总统应获得授权，代表美国认购上述公司的股票，认购金额不得超过二百万美元，以根据下述两项法案中的任何一项借入的款项支付，一项命名为"为美国债务作出规定的法案"，另一项命名为"为减少公共债务作出规定的法案"；向银行借一笔等额款项，目的是用于取得上述款项；十年内每年等额分期偿还；或在政府认为合适的任何更早的时间偿还，或按更大的比例偿还。①

汉密尔顿参与过组建纽约银行，设计国家银行的方案对他来说无疑轻车熟路。在报告末尾，汉密尔顿写道："建议授予总统以公众名义认购200万美元的权力。这样做的主要目的是扩大银行的特别基金，并使它能够更早地延长其业务……银行票据可能会被投入流通，以代替黄金和白银。此外，每年还要偿还所借款项的一部分，这部分款项最终将作为实际投资来运作。这一措施是出于政府的一般利益而采取的，目的是扩大银行的业务范围，除此之外，还

---

① Joanne B. Freeman edit：*Alexander Hamilton: Writings*，pp.604 - 608.

有一个更特殊的考虑，那就是，只要股票的股息超过贷款的利息，就会产生正利润。"① 汉密尔顿希望依托国家银行，打造一个包含财政、货币在内的综合性金融体系。

1791 年 2 月 23 日，汉密尔顿又撰写了一篇关于国家银行的文章，以驳斥反对意见，尤其论证了建立国家银行并不违宪。在这篇文章中，他重申了银行有利于征税："银行与征税的关系有两种方式：间接的方式是通过增加流通媒介的数量和加快流通速度，便利支付；直接的方式就是创造一种方便的媒介用于支付。"② 这里讨论的是国家的收税权与货币权问题，因为汉密尔顿实际上是希望以银行票据来充当纸币并纳入税收体系的，但这就必须赋予银行相应的合法性。汉密尔顿在这篇文章中继续强调银行对于国家财政的重要性："银行与借钱的权力有直接关系，因为它是在通常情况下和突发紧急情况下使政府获得贷款的重要工具。一个国家受到战争的威胁，突然间需要一大笔钱来做必要的准备。税收便是为此目的而设置的，但从中受益需要时间。凡事预则立。如果有银行，就可以立即得到供应；如果没有银行，就必须向个人借款。在紧急情况下，向个人筹款的进展往往太慢，在某些情况下根本行不通。"③ 值得注意的是，汉密尔顿在进行财经制度设计时，心里始终考虑着战争与紧急情况。在这篇文章中，汉密尔顿还写道："银行的制度也与州之间的贸易管理有一种自然的关联：到目前为止它有利于在它们之间创造一种方便的交换媒介，并通过防止在相互汇款中频繁更换金

① Joanne B. Freeman edit：*Alexander Hamilton：Writings*，pp.611 - 612.
② Joanne B. Freeman edit：*Alexander Hamilton：Writings*，p.633.
③ Joanne B. Freeman edit：*Alexander Hamilton：Writings*，p.635.

属来保持充分的流通。货币是商业活动赖以运转的关键。这并不仅仅意味着黄金和白银，其他许多东西都以不同程度的效用达到了目的。纸币被广泛使用着。"① 可以说，汉密尔顿创立国家银行的目的最终是促进国家经济的发展，他具有一种以金融支持实业的理念。

杰斐逊与麦迪逊均强烈反对汉密尔顿的国家银行计划。汉密尔顿在文章中颇为轻蔑地写道："然而这两个人都没有管理商业的经验。"② 尽管存在大量反对意见，但汉密尔顿说服了华盛顿签署法案。1791 年，美国第一银行（First Bank of the United States）作为国家银行开始营业，初始资本为 1 000 万美元，五分之一由政府提供，剩余部分由私人部门出资。该银行迅速成为政府贷款的来源，并当政府遇到偿付困难时，出售其股票以抵偿。③ 到 1796 年，美国政府从美国第一银行借款超过 600 万美元。④ 1791 年 7 月 28 日，华盛顿在一封信中写道："公众信誉的建立，是我们国内建设最大的成就。我相信这一点出乎我们当中最乐观的人的期望；最近，美国银行发行的债券很快便被认购一空，这在我国是前所未有的，它证明民众对我们政策的信心。"⑤ 1793 年 2 月 7 日，杰斐逊在与华盛顿的谈话中称："我的愿望是看到国会两院把一切与银行或公债有利害关系的人清洗出去，如果能给我们一个纯洁的立法机关，我将永远默然同意他们的决定，即使这些决定与我自己的意见相反……"⑥ 其

---

① Joanne B. Freeman edit：*Alexander Hamilton: Writings*，p.637.
② Joanne B. Freeman edit：*Alexander Hamilton: Writings*，pp.637 – 638.
③ 斯坦利·恩格尔曼、罗伯特·高尔曼主编：《剑桥美国经济史》第 2 卷，第 454 页。
④ 杰瑞·马克汉姆：《美国金融史》第 1 卷，第 110 页。
⑤ 约翰·罗德哈梅尔选编：《华盛顿文集》，第 664 页。
⑥ 托马斯·杰斐逊：《杰斐逊选集》，第 143—144 页。

对银行之厌恶竟至于此。但杰斐逊确实看到了汉密尔顿体制中官商勾结的巨大空间。1811 年，国会拒绝对美国第一银行继续授权，该行被迫关闭。尽管当时杰斐逊已经不是美国总统，但他关于美国第一银行违宪的观点，对自己在政坛上的追随者依然有强大的影响力。然而，决定性的反对票其实出于部分政客对在杰斐逊政府时期出任财政部部长的艾伯特·加勒廷的个人敌对，而加勒廷是国家银行的支持者。[①] 党派政治对经济现代化的阻碍，一如汉密尔顿的预见。

　　不过，经济发展的客观趋势并不以政客们的主观愿望为转移，尤其是曾经反对国家银行的麦迪逊，作为战时总统，认识到了这种金融制度的价值。1812 年战争证明了在缺乏中央货币控制情况下运行州特许银行（state-chartered banks）体系的风险。美国与英国的这场战争爆发后，美国银行很快便迫于压力，通过进一步增加纸币发行量来为战争提供资金，在那些遭遇最严重围困的地区尤其如此。这使得很多银行的准备金相比票据负债低到非常危险的水平，因为票据持有人可以携带其票据，到银行要求按票据面值兑换金银硬币，而银行将无钱可兑。1814 年，当这种情况真实发生时，许多银行暂停了票据与铸币的兑换交易。[②] 这对美国金融体系的信用自然是一大打击。有鉴于此，1816 年，美国又组建了第二家国家银行，即美国第二银行（Second Bank of the United States）。有趣的

---

　　① 　加里·沃尔顿、休·罗考夫：《美国经济史（第 10 版）》，王珏等译，中国人民大学出版社 2011 年，第 257 页。
　　② 　Louis P. Cain，Price V. Fishback and Paul W. Rhode edit：*The Oxford Handbook of American Economic History Volume Ⅱ*，Oxford：Oxford University Press，2018，p.259.

是，当年 1 月 6 日，杰斐逊还在一封信中抱怨："像一个水肿病人大声呼叫'水，水！'一样，我们的受骗的公民正在吵吵嚷嚷地要求更多银行，更多银行。美国人的头脑如今正处于其他国家历史上屡见不鲜的那种狂热状态。"① 美国第二银行真正具有中央银行的雏形，但最后在 1836 年终结于安德鲁·杰克逊总统手上。这名带领美国进行领土扩张的战争英雄深得民心，而他反对各种各样的银行。汉密尔顿所期望的美国现代化路线，在他死后仍然充满曲折。

在殖民地时代，北美沿海商业中心习惯使用西班牙银圆进行结算，但也使用英镑、先令和便士。汉密尔顿认为，银圆实际上在各州普遍使用，人们很容易接受它作为货币单位。但由于西班牙比索中纯银的含量各不相同，因此他建议对流通的比索进行检测，看其纯银含量，新的美国银圆的含银量只要取流通中的西班牙比索含银量的平均数即可。他还建议美国采取金银复本位制，因为黄金能增加货币体系的信誉，并且可以作为面额高的货币，白银则主要是小面额货币。② 1791 年 10 月 25 日，华盛顿在向国会发表的国情咨文中提到："现存通货的混乱，尤其是缺少小额面值的货币（这种短缺对穷困阶层来说甚为不便），要求我们尽快执行已经达成的建设铸币工厂的决议。依照相关决议，采取措施，招募急需的技术工人，以及购买必需的仪器设备。"③ 1792 年，国会采纳了汉密尔顿的双重货币本位制度，开始实施《铸币法》（Coinage Law），同时

---

① 托马斯·杰斐逊：《杰斐逊选集》，第 648 页。
② 加里·沃尔顿、休·罗考夫：《美国经济史（第 10 版）》，第 250—251 页。
③ 约翰·罗德哈梅尔选编：《华盛顿文集》，第 670 页。

将黄金和白银的兑换比率固定在 1∶15。同年，美国铸币厂在费城成立。[1] 当年 11 月的国情咨文称："已着手雇请国外工程技术人员帮助我们建设铸币工厂。其他人员在国内招募。已做好准备建造必要的建筑，现在正在做生产之前的准备。已开始少量铸造生产五分硬币。流通过程中对小额硬币的需求使我们首先生产五分硬币。"[2] 1794 年，华盛顿报告："美国铸币厂已经开始铸造钱币的工作，但是钱币监察官那里已经收有不少个人上交的有缺陷的金银币。在不久的将来，铸币厂将会意识到当初设置这一机构时人们对于它的期望；它的工作理应有所改善。"[3] 由于金银比价的波动，金银复本位制运行不畅。在欧洲，黄金价格相对白银升了上去，1796 年，美国的新金币几乎一出现就被运走。银币则被运到加勒比地区，在那里被交换为不规整的西班牙币，再带回美国换成黄金或新银圆。于是，一直到 19 世纪 30 年代中期，美国人手中并没有自己国家的金属币在流通，而是回到了殖民地时代使用外国硬币的老路上去。[4] 不过，在铸币紊乱的同时，国家银行及其分支机构发行的票据很快就在全国范围内流通起来，由于信誉良好，银行发行的 1 美元纸币等于用白银表示的 1 美元。[5] 国家银行虽然短命，但与国家银行竞争的州银行同样能发行银行券，并成为事实上的纸币。1800 年，美国除财政部、国家银行以外的货币流通量为 2 650 万美元，

① 杰瑞·马克汉姆：《美国金融史》第 1 卷，第 101—102 页。
② 约翰·罗德哈梅尔选编：《华盛顿文集》，第 698 页。
③ 约翰·罗德哈梅尔选编：《华盛顿文集》，第 746 页。
④ 乔纳森·休斯、路易斯·凯恩：《美国经济史（第 8 版）》，杨宇光等译，格致出版社 2013 年，第 254 页。
⑤ 加里·沃尔顿、休·罗考夫：《美国经济史（第 10 版）》，第 255 页。

1810 年增至 5 500 万美元；1800 年，美国流通中的银行券及各种票据为 1 050 万美元，1810 年增至 2 800 万美元。[①] 1816 年，杰斐逊依然反对纸币，宣称："革命的历史告诫我们，这种没有基础的纸可能有一天会不兑现。一旦大量贵金属重新流通，人人都能通过交换他的产品得到一些，纸币就会像在独立战争期间一样，立刻被一致拒用。"[②] 然而，与独立战争时代不同的是，汉密尔顿已经为美国留下一个新的财经体制和关于银行的新观念。到 1860 年，美国有 1 562 家州银行，估计有多达 10 000 种不同的纸币在流通。[③] 汉密尔顿利用银行健全美国金融体系的构想以他未曾想到的方式得以实现。

五、 财政国家的军事支撑

美国独立后，财产税和人头税继续充当地方政府的主要财源。而对联邦政府来说，从 1789 年到 1914 年，其收入几乎全部来自三个源头：进口关税、对烟酒征收的消费税，以及土地销售收入。这其中，关税被证明是稳定的不断增长的收入来源。土地销售在联邦政府的收入来源中虽然稳定，但一直不占主要地位。至于国内消费税，则从实行之日起就充满争议。1791 年，国会批准了汉密尔顿的威士忌消费税法案，但由此酿成了一场叛乱。1801 年，杰斐逊派完全取消了该税种。在美国内战前，消费税没有成为联邦政府主要的

---

① 米切尔编：《帕尔格雷夫世界历史统计·美洲卷：1750—1993 年》，贺力平译，经济科学出版社 2002 年，第 647 页。
② 托马斯·杰斐逊：《杰斐逊选集》，第 649 页。
③ 乔纳森·休斯、路易斯·凯恩：《美国经济史（第 8 版）》，第 255 页。

收入来源。① 1805 年 3 月 4 日，杰斐逊在第二次总统就职演说中总结了他上一任期内的财政改革政策："裁减冗员，压缩无用的机构和开支，使我们可以不再征收国内税。这些税使我们的国土上遍布收税员，按家按户索取，使人民深受其害，而且征税一开始，就很难阻止它相继扩展到每一种产品和财产。"② 表 1 为 1792—1816 年美国联邦政府的岁入与支出，岁入部分分成关税与国内岁入两大块，从中可见关税具有决定性意义，支出部分不包含联邦政府的债务偿还。

表 1：美国中央政府的岁入与支出（1792—1816）

年份	岁　　入			支出总额（百万美元）
	关税（百万美元）	国内岁入（百万美元）	总计（百万美元）	
1792	3.4	0.2	3.7	5.1
1793	4.3	0.3	4.7	4.5
1794	4.8	0.3	5.4	7.0
1795	5.6	0.3	5.1	7.5
1796	6.6	0.5	8.4	5.7
1797	7.6	0.6	8.7	6.1
1798	7.1	0.6	7.9	7.7
1799	6.6	0.8	7.5	9.7

① 斯坦利·恩格尔曼、罗伯特·高尔曼主编：《剑桥美国经济史》第 2 卷，第 366—367 页。

② 托马斯·杰斐逊：《杰斐逊选集》，第 335—336 页。

续　表

年份	岁　入			支出总额（百万美元）
	关税（百万美元）	国内岁入（百万美元）	总计（百万美元）	
1800	9.1	0.8	11.0	11.0
1801	11.0	1.0	13.0	9.4
1802	12.0	0.6	15.0	7.9
1803	10.0	0.2	11.0	7.9
1804	11.0	0.1	12.0	8.7
1805	13.0	—	14.0	11.0
1806	15.0	—	16.0	9.8
1807	16.0	—	16.0	8.4
1808	16.0	—	17.0	9.9
1809	7.3	—	7.8	10.0
1810	8.6	—	9.4	8.2
1811	13.0	—	14.0	8.1
1812	9.0	—	9.8	20.0
1813	13.0	—	14.0	32.0
1814	6.0	1.7	11.0	35.0
1815	7.3	4.7	16.0	33.0
1816	36.0	5.1	48.0	31.0

说明：岁入统计数据系行政部分预算数，总额并非关税与国内岁入之和。

资料来源：整理自米切尔编：《帕尔格雷夫世界历史统计·美洲卷：1750—1993年》，第 678、693 页。

当代经济学家指出，除了战争时期，关税收入足以满足整个 19
世纪美国的国家财政需求，在和平时期，美国政府很少受到财政压
力，事实上，到 19 世纪 30 年代中期，它已经能够偿还革命和 1812
年战争所产生的国债。[①] 这种分析只是后见之明，而且，围绕关税
的争议在美国历史上又引发了其他问题。汉密尔顿没有只押注于关
税，他希望效仿英国打造一个财政国家，也和英国一样，靠军事镇
压保证其现代化方案的推进。1792 年 5 月 23 日，杰斐逊向华盛顿
表达了他对汉密尔顿的不满，提到"为了征税而向我们自己人民开
战，甚至不惜征收可恶的消费税"，并表示这一税收体制就是要逐
渐把美国导向英国"君主政体"。[②] 事实上，华盛顿—汉密尔顿的财
政国家为了消费税，在几年后确实选择了向人民开战。

　　18 世纪末的美国经济发展不平衡，宾夕法尼亚州等科林·伍
达德所谓的大阿拉巴契亚地区包含大片商品经济不发达的边区，当
地农民用从谷物和水果提炼的蒸馏酒充当实物货币。许多农民没有
足够的资金将大批的玉米和裸麦翻越崇山峻岭运到沿海市场，而将
这些农产品酿成威士忌酒更加有利可图。当时，价值 1 美元的 1 千
克玉米能酿 0.4 升酒，后者的售价是前者的 10 倍，且便于储藏和运
输。因此，边区的农民对汉密尔顿征收消费税的政策极为愤慨，认
为这是汉密尔顿勒索农村穷人来满足城市投机者的计划。[③] 从佐治
亚州到宾夕法尼亚州乃至更远的穷乡僻壤，农民纷纷抵制或逃避缴

---

　　① 　Louis P. Cain，Price V. Fishback and Paul W. Rhode edit：*The Oxford
Handbook of American Economic History Volume* Ⅱ，p.201.
　　② 　托马斯·杰斐逊：《杰斐逊选集》，第 501—502 页。
　　③ 　乔治·布朗·廷德尔、大卫·埃默里·施：《美国史》第 1 卷，第 266 页。

税。1792 年 11 月 6 日，华盛顿在国情咨文中称："国库收入的形势很好，前面已经提过。如果没有某些地区持续抗缴国内生产的烈酒税，国库收入的形势会更好。不过地方上妨碍税收的行为已经或正在减少，从整个国家来看，对法令的满意程度似乎在提升……对于违法者，我们也已经采取制裁措施。"① 这反映了当时的紧张形势。

　　1794 年夏天，由于对汉密尔顿的酒税不满，在宾夕法尼亚州西部爆发了一场公开的暴动，被称为威士忌叛乱（Whiskey Rebellion）。叛乱者对税务官员和纳税者进行恐吓，毁掉了纳税者的蒸馏器，抢劫邮政，阻止法庭诉讼，并扬言要袭击匹兹堡。华盛顿后来在第六个国情咨文中回顾了叛乱的种种暴行，称："非常明显，种种暴行背后的动机就是逼迫税务稽查员辞职，武力对抗政府权威，并由此迫使政府废除有关税务法案，改变政策。"② 显然，威士忌叛乱是对美国迈向财政国家的一个考验。1794 年 8 月 2 日，汉密尔顿在给华盛顿的信中写道："根据您的要求，我很荣幸地就最近在宾夕法尼亚州西部四县发生的反对征收蒸馏酒税法律的武装暴乱提出我的意见，提议总统应该采取何种行动。"③ 他描绘了边民武力抗税的种种暴行，声称："立法机关对法律作了各种修改，以尽可能消除那些县居民的抵触。行政机关，就其本身而言，在忍耐、宽容和通融的精神方面，远非不足。然而，立法机关和行政机关的变通措施都没有对边民遵守法律产生任何效果。反对派继续存在并日趋得势，直

① 约翰·罗德哈梅尔选编：《华盛顿文集》，第 697 页。
② 约翰·罗德哈梅尔选编：《华盛顿文集》，第 741 页。
③ Joanne B. Freeman edit：*Alexander Hamilton: Writings*，p.823.

到最后爆发被认为构成叛国罪的行为。"①　在这种形势下，汉密尔顿建议华盛顿武力镇压抗税暴徒，指出这样做是合宪合法的："在我看来，政府存在的意义本身就要求走这条路，而首席行政长官所负职责的属性中最高的那一部分也促使他走这条路。美国宪法和法律考虑并规定了这一点。"②　接下来，汉密尔顿讨论了具体的军事方案，分析应该从哪些州抽调多少民兵。他考虑到叛乱县与周边地区联合的前景，称："据计算，那四个反叛的县有 16 000 名 16 岁以上成年男子，其中大约 7 000 人是武装起来的……为了做好最坏的准备，应该命令 12 000 名民兵集结起来，包括 9 000 名步兵与 3 000 名骑兵。"③　最后，汉密尔顿还提到应该先礼后兵："法律要求在使用武力之前发布声明，命令叛乱分子在规定时间内解散并和平地返回各自住所。这一步骤是理所当然要采取的。"④　从后来美国政府采取的举措看，华盛顿基本上全盘采纳了汉密尔顿这位前副官的建议。

　　1794 年 8 月 7 日，华盛顿发布了一份声明，命令所有叛乱者返回家乡，并从弗吉尼亚州、马里兰州、宾夕法尼亚州和新泽西州征调了 12 900 名民兵。该声明称："立法机构为了消除对上述法律的不满，已经采取降低税费和其他措施……执法人员耐心解释，容忍克制，并在特殊情况下，根据当地情况做出通融迁就，希望以此赢

---

① Joanne B. Freeman edit：*Alexander Hamilton：Writings*，p.824.
② Joanne B. Freeman edit：*Alexander Hamilton：Writings*，p.825.
③ Joanne B. Freeman edit：*Alexander Hamilton：Writings*，p.825.
④ Joanne B. Freeman edit：*Alexander Hamilton：Writings*，p.826.

得民众对法律的遵守，但是，他们的这些努力都落空……"① 这些话显然直接援引了汉密尔顿的意见。由于叛乱者未响应华盛顿的号召，他下令军队进行镇压，由亨利·李（Henry Lee）将军指挥。1794 年 9 月 25 日，华盛顿在公告中称："一支准备齐全、足以应付这次危机的军队已经开拔前往暴动地点。那些一直或将要相信政府的保护的人们，将得到美国军队的救援。那些曾经抗法后又悔改补缴税款的人，如果不再反悔，那么，他们将会得到宽大和信任；有关的命令已经下达。"② 汉密尔顿也参与了军事行动，与李会合。然而，叛乱者全部躲进了山脉，军队没有遇到什么抵抗。最终，只有几个叛乱领导人受审，其中两人以叛国罪被处以绞刑。③ 在 1795 年1 月写的一封信中，华盛顿颇为满意地称："虽然为了控制局势而开支大增，给社会大众背上了包袱，但是，我认为这笔开支用在了刀刃上：镇压骚乱不仅带来了国内的安定和繁荣，还给一些其他国家留下了深刻印象……他们（译者按：指一些外国人）断言没有了英国的保护，我们无法进行管理，整个国家将很快陷入无政府状态和动乱之中。"④ 以增加民众负担的军事开支，来保障国家从民众汲取资源，但其终极目标又确实是保护守法民众的私有产权，这是华盛顿—汉密尔顿政权打造财政国家的逻辑。

　　华盛顿与汉密尔顿镇压威士忌叛乱取得了胜利，但许多同情边

---

　　① 约翰·罗德哈梅尔选编：《华盛顿文集》，第 728 页。
　　② 约翰·罗德哈梅尔选编：《华盛顿文集》，第 737 页。
　　③ 乔治·布朗·廷德尔、大卫·埃默里·施：《美国史》第 1 卷，第 266—267 页。
　　④ 约翰·罗德哈梅尔选编：《华盛顿文集》，第 752 页。

区居民的选民转投了杰斐逊的共和党，使其在下一届宾夕法尼亚州选举中大获全胜。而美国历史上私酒贩子与税务官员的精彩大戏也不过刚刚拉开帷幕。财政国家建立不易。表 2 为以名义美元计算的 1800—1900 年美国政府的收入及其 1840 年以后占国民生产总值的份额。从长期趋势看，美国政府的收入增长与支出增长是相匹配的。

表 2：美国政府的收入及占国民生产
总值的份额（1800—1900）

年　份	国家收入 （亿美元）	占国民生产 总值份额
1800	1.96	
1810	1.80	
1820	2.52	
1830	2.07	
1840	1.50	4.0%
1850	1.93	4.2%
1860	3.32	5.4%
1870	9.82	8.4%
1880	6.39	5.7%
1890	5.74	6.4%
1900	6.42	7.2%

　　资料来源：整理自 Louis P. Cain，Price V. Fishback and Paul W. Rhode edit：*The Oxford Handbook of American Economic History Volume Ⅱ*，p.196。

就在华盛顿与汉密尔顿镇压威士忌叛乱时，美国政府还用兵西
北，征讨印第安人，并于 1795 年 8 月与印第安人签署和约。① 在给
杰伊的一封信中，华盛顿指责英国挑拨印第安部落反对美国，称
"对那些与我们几乎互不了解的部落，英国政府正鼓动他们加入反
对我们的战争；英国政府为所有印第安部落提供武器、弹药、被
服，甚至粮草"。② 为了谋求和平，华盛顿派遣杰伊赴英签订了美国
让步极大的条约，但由此又惹恼了法国，使法美之间的传统友谊破
碎。四方多事需猛士，美国建国初期的内忧外患，使华盛顿、汉密
尔顿等有军旅经验的政治家拥有了特殊的号召力与影响力。1798
年，法美之间关系紧张到战争似乎一触即发，美国第二任总统约
翰·亚当斯（John Adams）邀请已经退隐的华盛顿出山，担任美军
总司令。华盛顿提名汉密尔顿担任陆军少将，继续充当他的副官，
约翰·亚当斯惧怕汉密尔顿借军功获得更大的政治影响力，背着华
盛顿另谋人选。华盛顿对此非常不满，在 1798 年 9 月 25 日写给约
翰·亚当斯的信中称："在某些人眼里，汉密尔顿上校是个野心勃
勃的人，因此是个危险的人物。我完全承认他是有野心的，但这是
一种值得赞扬的雄心壮志，它促使一个人做任何事都出类拔萃。"③
由此足见华盛顿对汉密尔顿之器重，也能看到汉密尔顿在财经官员
之外有着军人的底色。后来，法国与美国恢复了和平关系，汉密尔
顿也失去了一个借军功获取更大政治资本的机会。然而，华盛顿直
到 1799 年去世前都与汉密尔顿维持着的盟友关系，以及汉密尔顿

---

① 乔治·布朗·廷德尔、大卫·埃默里·施：《美国史》第 1 卷，第 266 页。
② 约翰·罗德哈梅尔选编：《华盛顿文集》，第 735 页。
③ 约翰·罗德哈梅尔选编：《华盛顿文集》，第 833 页。

自身的军人背景，都很直观地展现了他们所共同尝试打造的财政国家的特性。1793 年 12 月 3 日，华盛顿在第五份国情咨文中向同胞呼吁："和平是国家繁荣的最有力的手段，如果我们希望永保和平，那么，我们必须让世人明白，我们时刻准备着应付战争。"① 这是经历过战争的政治领袖所具有的世界观。汉密尔顿所欲打造的财政与金融体制，以及他在《关于制造业的报告》中所宣扬的理念，都是在为美国随时应对战争而做准备。

六、 工业文化的经典文献

《关于制造业的报告》是汉密尔顿作为财政部部长提交的又一份经济建国纲领，为美国描画了工业立国的蓝图，在经济学的历史上也堪称具有开创性的经典文献。汉密尔顿意欲为美国打造一个现代产业体系，体现了美国想要成为富强国家的独立意志。当然，围绕着美国是否应迈向工业化，汉密尔顿与杰斐逊等人又展开了路线斗争。

在殖民地时代，北美大部分地区以经营出口型农业为生，尤其华盛顿、杰斐逊等南方精英所隶属的沿海低地，盛行种植园经济。这种产业现实塑造了南方精英的产业观念。1767 年，华盛顿便在一封信中写道："我十分确信，只要殖民地继续从事贸易和农业，它必将最终有助于宗主国的利益……殖民地由此获得的钱财肯定将汇集到大不列颠，这就如同磁针总会指向磁极一样……"② 事实上，在英国的重商主义体系下，殖民地的制造业是被刻意压制的。1765年 9 月 20 日，华盛顿在给贸易公司的信中称："大不列颠议会强加

① 约翰·罗德哈梅尔选编：《华盛顿文集》，第 711 页。
② 约翰·罗德哈梅尔选编：《华盛顿文集》，第 111 页。

于殖民地的印花税法已成为那些好思索的殖民者日常谈论的唯一话题……如果我们能够以更合适的价格自给自足的话，我认为没有哪一条法律或习俗能强迫我们用自己的钱财或基本农产品去交换他们的制成品……"[1] 1774 年，杰斐逊在对出席第一次殖民地代表大会的弗吉尼亚州代表的训令中，控诉了英国重商主义体系对北美制造业的打压："按照已故国王乔治二世在位第 5 年通过的一项法令，一个美国国民不得用他或许在自己土地上获得的毛皮为自己制造帽子，这个霸道的例子是英国历史上最专制的时代都无法与之比拟的。根据他在位第 23 年通过的另一个法令，我们不得用我们生产的铁制造铁器，尽管那样东西很重，每个农业部门都需要，可是我们除了手续费和保险费之外，还要支付运费把它运到英国，再付运费把制成品运回，目的不是为了养活英国的人，而是为了养活英国的机器。"[2] 这种打压形成了母国对于殖民地的力量优势，而华盛顿将切身体会到这一点。

在独立战争中，华盛顿因为北美缺乏制造业基础，没少吃过物资匮乏的苦头。1776 年 3 月 31 日，他抱怨称："我在此地已有数月，周围情况令人难以置信——每个士兵仅有不到三十筒的步枪子弹；而且因为弹药缺乏，我们不得不听任敌军加农炮的肆虐，从而节省仅有的一点儿弹药以备枪战。"[3] 1777 年 10 月 18 日，他在信中写道："我们非常缺乏服装，除非采取紧急措施弄来服装，否则

---

① 约翰·罗德哈梅尔选编：《华盛顿文集》，第 105—106 页。
② 托马斯·杰斐逊：《杰斐逊选集》，第 296 页。
③ 约翰·罗德哈梅尔选编：《华盛顿文集》，第 195 页。

过一段时间我们就肯定能尖锐地感觉到这一点。"① 同年 12 月 23
日，在一场哗变被平息后，他写道："我……建议议会命令我很少
见到的负责采购的物资供应将军一分钟都不耽搁地在这个营地的附
近建立军火库，以保证我们在坏天气里的供应。军需将军也应该在
他的部门里忙碌起来。"② 1779 年 3 月 31 日，他在一封信中称"我
们的战争不可能像每一个好心人渴望的那么快结束"，同时希望后
方采取应对战时经济的措施，包括"最重要的则是要用重税减少钱
的流通量，从而推动公众和私人的经济；鼓励制造业等"。③ 军事需
求和战时经历使这个来自沿海低地的种植园主切身感受到了制造业
的重要性。1789 年 1 月 29 日，在写给拉法耶特的信中，华盛顿称：
"虽然我不会通过过分激励来强制发展制造业，使农业受损，但我
认为，妇女、儿童和其他人均可在制造业方面做出许多贡献……我
希望用不了多久，男子穿任何其他服装都将不再时髦。真的，我们
受英国偏见的影响已经太久了。我家里只用美国产的黑啤酒和奶
酪。"④ 就在同一天，华盛顿还写信给亨利·诺克斯（Henry Knox）
将军，请他帮忙买一些美国哈特福德产的家纺细平布以缝制一套衣
服。当年 4 月 30 日，华盛顿在总统就职典礼上正是穿着用这种国
产布料缝制的套装以示对国货的支持。可以说，"买美国货"（Buy
American）这一美国经济保护主义政策的精神源头，在美国立国之
初已经附着于开国总统华盛顿的那身国产布料套装上了。

---

① 约翰·罗德哈梅尔选编：《华盛顿文集》，第 244 页。
② 约翰·罗德哈梅尔选编：《华盛顿文集》，第 251 页。
③ 约翰·罗德哈梅尔选编：《华盛顿文集》，第 298 页。
④ 约翰·罗德哈梅尔选编：《华盛顿文集》，第 614 页。

华盛顿对待制造业的态度与他的同胞杰斐逊极为不同。1785年8月23日，在写给杰伊的密信中，杰斐逊声称："我们现在有足够的土地可供无数人耕种。耕种者是最有价值的公民……我认为工匠是助长罪恶的人，是被用来全面颠覆国家一切自由的工具。"他同时还贬斥了海员："我们在海上与其他国家的贸易必须以经常的战争为代价。"① 尽管杰斐逊在独立战争爆发前曾怒斥英国重商主义体系对北美制造业的压制，但美国独立后，他还是认可殖民地时代的国际产业分工体系，而这与他所来自的弗吉尼亚州的产业结构有直接关系："我们应该长久地把我们的工人留在欧洲，而欧洲则应该从美国输入原材料甚至生活必需品……弗吉尼亚生产的烟草确实几乎全部销往英国，原因是该州人民欠英国一大笔钱，正在尽可能快地偿还。"② 1786年，杰斐逊去英国旅行了两个月，在一封信中，他表达了对英国工业革命的某种不以为然，只提到新兴工业技术对农产品加工的价值："伦敦的机械技术已达到一个出神入化的境地，但是这方面不必我多说，因为我的同胞们面前不幸已有太多的榜样。我认为这种醉心奢华的倾向比战争时期的亲英分子为害更大……在技术方面，我在那儿看到的一样最惹人注目的新发明，是把蒸汽机原理应用于磨坊。"③ 杰斐逊显然视英国工业革命中涌现的大量新技术为败坏世道人心的奇技淫巧。1788年，杰斐逊在给两个赴欧游览的美国人提建议时，认为没必要关注轻工业品："环境使得美国不可能在任何一个现在活着的人在世期间成为一个工业国，

---

① 托马斯·杰斐逊：《杰斐逊选集》，第371—372页。
② 托马斯·杰斐逊：《杰斐逊选集》，第378—379页。
③ 托马斯·杰斐逊：《杰斐逊选集》，第386—387页。

因此仔细地研究这些东西将会是浪费时间和精力。"① 有时候，华盛顿也会附和杰斐逊。例如，在 1788 年 1 月 1 日写给杰斐逊的信中，华盛顿称："……我非常赞同您的观点，大范围的投机活动、赌博的心理或任何能够将我们的注意力从农业生产上吸引开的东西，都将对我们十分有害，如果其影响不是毁灭性的话。"② 华盛顿没提制造业，但杰斐逊显然也把制造业看成将劳动力从农业生产上吸引开的东西。公允地说，对华盛顿这个种植园主而言，发展农业比发展制造业更符合他的认知。1788 年 6 月 19 日，在给拉法耶特的信中，他写道："因为在如此广泛的区域里，土壤和气候都多种多样，以至我希望有朝一日我们能够成为一个世界仓库和粮仓。"③ 华盛顿没有像杰斐逊那样明确反对美国发展制造业，但他内心应该会认为美国发展农业更具比较优势。这种普遍存在的观点就是汉密尔顿希望培育美国制造业所要面对的观念阻力。

需要补充说明的是，无论是华盛顿还是杰斐逊，都对关涉军工制造的重工业与面向大众消费的轻工业进行了一定的区分。华盛顿在第一次总统就职演说的草稿中曾写道："无论何时，只要时机允许，我们就应当建立起为数众多的军事仓库、兵工厂和造船场。"在同一篇演说稿中，他又认为："用我们的农产品交换我们可能需要的较好的工业品，要比自己动手制造更为有益。不过，许多羊毛、亚麻、棉花和大麻制品以及所有的皮革、铁、毛皮和木制品却

① 托马斯·杰斐逊：《杰斐逊选集》，第 159 页。
② 约翰·罗德哈梅尔选编：《华盛顿文集》，第 572 页。
③ 约翰·罗德哈梅尔选编：《华盛顿文集》，第 587 页。

是在国内生产益处较大。"① 此处华盛顿对轻工业的发展还是持一种矛盾的态度，但对培育军事工业和重工业则意志坚定。杰斐逊反对美国发展工业的立场已无须引述更多史料来展现，但当他 1788 年给那两个赴欧游览的美国人提建议时，区分了重工业与轻工业，在认为后者不值一看的同时，认为前者属于"美国人应注意的目标"，写道："工业。只要是有关美国所必需，而又不便现成运往那儿的东西，例如锻炉、采石场、船、桥，等等。"② 华盛顿与杰斐逊均从安全战略而非单纯市场消费的角度来审视工业，这似乎也暗合了美国制造业今日残存的产业结构。

与来自农业地区的精英华盛顿、杰斐逊不同，汉密尔顿作为移民，又以纽约为其据点，对制造业的价值认识得更清楚。1789 年 1 月，纽约成立了制造业协会，两个月后，曼哈顿下城开了一家毛纺织厂，汉密尔顿名列股权人名单中。该厂因水资源严重短缺而在一两年后倒闭，但这被认为是汉密尔顿介入制造业的开端。③ 因此，汉密尔顿的《关于制造业的报告》不是坐在书斋里的理论家的空想，也不是远离市场的政府官员的臆造，而是综合了学术理论与实际经验的战略蓝图。

汉密尔顿对制造业的考量是全盘的与整体的。由于本书即对其《关于制造业的报告》的翻译，此处不拟展开分析，仅略作介绍。

为汉密尔顿起草《关于制造业的报告》第一稿的是财政部的官员坦奇·考克斯（Tench Coxe）。今天，美国参议院的网站上仍挂

---

① 约翰·罗德哈梅尔选编：《华盛顿文集》，第 608、610 页。
② 托马斯·杰斐逊：《杰斐逊选集》，第 159 页。
③ Ron Chernow：*Alexander Hamilton*，pp.370 - 371.

着考克斯发表于 1787 年 11 月 26 日的文章《一个民主的联邦党人》
(A Democratic Federalist)。① 因此，考克斯追随汉密尔顿不足为
奇。雅各布·库克（Jacob Cooke）通过分析考克斯的手稿，认为
考克斯是对《关于制造业的报告》影响最大的人。② 1791 年 4 月，
汉密尔顿曾以个人威望帮助考克斯成立一家制造业协会，根据考克
斯协助汉密尔顿撰写的协会计划书，该协会打算创建一个类似于工
业园区的制造业基地，为国内企业树立榜样，协会所需要的资金则
将部分通过政府债券来筹措。协会计划书也毫不掩饰致力于从欧洲
获取先进技术的工业间谍行为。③ 了解了考克斯与汉密尔顿 1791 年
的这些实践，再去审视当年底的那份报告，就很容易看到报告内容
极具针对性。斯旺森（Donald F. Swanson）和特劳特（Andrew P.
Trout）认为，在考克斯撰写的《关于制造业的报告》初稿中，提
出了未来的制造商可能希望从政府那里得到的几乎所有东西，包括
保护性关税、原材料进口免税、禁止竞争性产品的进口、对工业的
土地授予、给仿制国外机器的人以就像发明专利那样的垄断特权、
联邦政府资助改善道路和港口、向制造商直接提供贷款等等。但汉
密尔顿从这位财政部部长助理的草稿中删除了所有这些建议。财政
方面的考虑对他来说是最重要的，包括增加政府收入以及建立公共
信用，他不打算让关于制造业的产业政策干扰这些目标。④ 斯旺森

———

　　① https://www.senate.gov/about/origins-foundations/idea-of-the-senate/1787Dem Federalist_Coxe.htm.
　　② Jacob Cooke："Tench Coxe，Alexander Hamilton，and the Encouragement of American Manufactures"，*The William and Mary Quarterly*，3（1975）：369-392.
　　③ Ron Chernow：*Alexander Hamilton*，pp.371-374.
　　④ Donald F. Swanson and Andrew P. Trout："Alexander Hamilton's Invisible Hand"，*Policy Review*，Winter（1992）：86.

和特劳特试图将汉密尔顿装扮成一个信奉"看不见的手"的自由贸易论者。实际上，如果仔细阅读《关于制造业的报告》，确实可以看到里面同时混杂着重商主义与自由贸易的内容，似乎不能完全被归为保护主义。或可认为，报告的这种混杂性与自相矛盾之处，是考克斯与汉密尔顿观点相左而最后折中调和的结果。从思想史的角度看，考克斯或许才是美国工业文化真正的奠基人。不过，在公开流传的版本里，考克斯那些重商主义政策主张仍然保留在报告中，而报告是由汉密尔顿独自署名的，且汉密尔顿与制造业的关系已经被符号化，故《关于制造业的报告》仍可视为体现了汉密尔顿的政治经济思想。此外，考虑到汉密尔顿先支持了考克斯的制造业协会及别的制造业活动，再抛出一份几乎旨在解决协会发展瓶颈的报告，则斯旺森与特劳特那种试图强行剥离汉密尔顿与报告关系的做法，并无多少说服力。但有一点可以确定的是，对于考克斯产业政策工具箱里的各种工具，汉密尔顿有自己的偏好与倾向性，在这一点上他确实与考克斯有所不同，也埋下了两人日后决裂的种子。

　　或许由于数易其稿，加上撰写初稿的考克斯的思想与汉密尔顿不完全一致，公开流传的《关于制造业的报告》在结构上呈现出一种凌乱感，序号的标注非常随意，行文亦不乏芜杂与枝蔓。与前几个报告一样，这份报告也没有用小标题分节。任慈通过比较不同版本，译出了报告全文，我在她的译稿基础上用空一行的方式，区分了报告讨论不同主题的部分。与建立国家银行一样，发展制造业在当时的美国面临着较大阻力，以杰斐逊为代表的农业地区精英认为美国不应该工业化。从这一点来看，不管汉密尔顿是否真的主张以重商主义或保护主义的手段培育制造业，他发布一份肯定美国应该并且能够发展制造业的报告，就已经是在推动美国的工业化了。因此，报告的开头部分以非常多的笔墨驳斥了那些认为制造业不像农业那样具有生产性的观点。值得注意的是，报告经常引用亚当·斯密（Adam Smith）的《国富论》（*The Wealth of Nations*），这大概因为斯密批判过法国的重农学派，是用来反对种种重农观点的现成理论武器。但从另一方面说，《国富论》整体上反对以产业政策来培育制造业，而相关政策建议恰恰是报告的核心内容，故不得不说报告里或许确实存在着考克斯与汉密尔顿的撕扯。然而，如果持一种更灵活的视角来审视经济理论，或者如汉密尔顿所经常说的"权宜之计"是不可避免的，则也不必对报告里体现的思想张力大惊小怪。

报告一般性地讨论了制造业并非不如农业，也分析了制造业的价值，包括：①

1. 促进劳动力分工。
2. 拓展机器（Machinery）的使用。
3. 为通常不从事该行业的社会阶层提供额外的就业机会。
4. 促进从外国移民。
5. 为人才和性格的多样性提供更大的空间。
6. 为企业（enterprise）提供更广阔、更多样的发展空间。
7. 在某些情况下，为剩余农产品提供确定和稳定的需求。

关于劳动分工与机器使用的论点，可以看到斯密的影响。在进

---

① Joanne B. Freeman edit：*Alexander Hamilton：Writings*，pp.658 - 659.

行论证时，报告提到了"创业精神"（the spirit of enterprise），这是非常重要的思想，也说明了工业文化在其诞生之初便以创新为内核。

在论证了美国应该发展制造业之后，报告又论证了美国能够发展制造业，为这个当时的后发展国家追赶先进国家树立信心。报告指出，由于创新与创业具有高风险，会使资本裹足不前，故政府应以产业政策创造良好的营商环境，吸引资本进入。此处我刻意用某种 21 世纪的时政语言来概括报告的相关论点，但也抓住了报告的原意，这是为了展示该报告蕴含的思想仍未过时。当时的一些欧洲人以及不少美国人均认为，美国发展制造业缺乏劳动力与资本等生产要素方面的条件，报告对此进行了有力批驳，分析了美国的优势。无论其观点精确与否，其勇气与自信都证明了，发展建立在自尊自强的世界观与价值观基础上。向发达国家下跪是跪不出现代化的。这也是工业文化作为一种发展主义（developmentalism）之真义。当然，这部分内容是考克斯的观点还是汉密尔顿的思想，抑或其主旨为两人所共享，那又是另一个纯学术的问题了。不过，在分析资本匮乏并不足以限制美国制造业发展时，报告花了大量篇幅讨论长期债务、公共信用可以用来培育制造业，这几乎可以肯定是汉密尔顿的个人趣味，服务于他正在推行的财政与金融政策。由此可见，无论汉密尔顿是否与考克斯存在理念上的分歧，《关于制造业的报告》都是汉密尔顿构建其宏大财经体制的一环。在从理论上分析了美国能够发展制造业之后，报告又举出了美国制造业已经取得进步的若干产业的案例，共列举了 17 个产业，强化了其论证。

接下来，报告又从不同的方面批驳了农业优于制造业的观点，并强调发展制造业不会只让少部分阶层或地区受益，而是有利于整个美国。在这里，报告已开美国学派的"美国体系"（The American System）理论之先河，并与汉密尔顿在《联邦党人文集》中鼓吹组建海军时畅想的美国各州经济一体化相呼应，这又一次证明了《关于制造业的报告》从整体上不可能偏离汉密尔顿的思想。

在对促进美国制造业发展的诱因进行了全面的分析后，报告就开始讨论政府如何以政策来扶持制造业，共列举了 11 条措施。我在过去研究产业政策的著作中翻译过这些内容的核心要点，[①] 此处采用任慈和我重新翻译的文本，但注释中所据文献并非我们选取的版本，只是方便读者查阅：

1. 保护性关税——或对那些希望由国内生产且对国内商品构成竞争的外国产品征收关税。

2. 禁止进口竞争性物品，或相当于征收禁止性关税。

3. 禁止制造业原材料出口。

4. 金钱奖励（Pecuniary bounties）。

5. 赏金（Premiums）。

6. 免除制造材料的关税。

7. 对制造业原材料征收关税的弊端。

8. 鼓励国内的新发明和创造，并鼓励将外国的新发明和创造引入美国，特别是鼓励那些与机械相关的发明创造。

9. 对制造业产品进行检查要实施明智的管理。

---

① 严鹏、关艺蕾：《产业政策启示录：工业文化的政治经济学》，电子工业出版社 2020 年，第 126—127 页。

10. 为各地之间的汇款提供便利。

11. 为商品运输提供便利。①

从考克斯的立场来看，这 11 条措施应该是报告的精华了，对后世政治家、经济学者与读者来说，这也是报告最有普遍性价值的部分。由于前文已经提到过的报告文字芜杂的特点，这 11 条措施也不乏重复之处，如第 6 项与第 7 项，本质上说的是一个问题。至于第 4 项和第 5 项，虽然存在着具体内容和细节上的差异，但都可以视为政府对企业发放的补贴。总体来看，报告的 11 条措施具有重商主义的底色，其保护性关税、限制原材料出口、给企业补贴都属于一般性的重商主义政策，早已为欧洲列强所实践。报告的第 8 项与第 9 项措施，涉及鼓励创新、加强技术引进与提升产品质量，是直接从生产层面培育制造业的举措。第 10 项最具汉密尔顿特色，即以金融支持制造业，这既使《关于制造业的报告》成为汉密尔顿打造其财政与金融体制的又一个理由，又为培育制造业预设了实际的资金配套措施。第 11 项其实是一个关于加强基础设施建设的宏大战略，该项在讨论改善交通运输时，大段引用了《国富论》中的相关内容。必须强调的是，在所有这些措施中，汉密尔顿更偏好给企业补贴而不是提高进口关税。

在分析了促进制造业发展可以采取的政策后，报告又讨论了有害于制造业的政策，主要谈的是任意征税问题。在这一点上，报告又呼应了亚当·斯密的观点。不过，一方面报告反对向制造业征收

① Joanne B. Freeman edit：*Alexander Hamilton: Writings*，pp.697 - 710.

重税，另一方面汉密尔顿强硬推行国内消费税的征收，如何协调与平衡不同部门与产业的利益，是对其治国技艺的考验。

行文至此，报告撰写人自己也觉得写得太长了，因为上述所有内容仅仅是报告想要达成的第一个目的，即论证发展制造业的意义及方法，相当于对一般性理论与原则的阐释。至于报告的第二个目的，就是分析美国当时可以具体培育哪些制造业。报告一共列举了16种产业并分别予以简要分析，这些产业主要是按其加工制造的原材料进行分类的，包括：铁、铜、铅、化石煤、木材、皮毛、谷物、亚麻和大麻、棉花、羊毛、丝绸、玻璃、火药、纸张、印刷书籍、精制糖和巧克力。可以想见，如果报告形成法案，这些产业就将由政府注入资金或设置进口关税而加以培育。

最后，报告提到了由政府设立基金奖励私人企业会存在腐败的空间，并简单设想了合理的政府资金管理制度。这一点实际上是当时在政治上最核心的问题，毕竟，汉密尔顿的公债政策与银行政策已经引发相关的抨击了。但是，汉密尔顿无所畏惧地以这样的句子为整个报告作结："在私人财富雄厚的国家，爱国人士的自愿捐款可以发挥很大作用；但在像美国这样的社会，公共财政必须弥补私人资源的不足。能有什么比把公共财政用于促进和改善制造业发挥出更大的作用呢？"[1] 汉密尔顿设想了一种国家政权与私人资本亲密合作的制度，这确实也促进了美国的创新与繁荣，直到今天依然如此。但可以想见，正如杰斐逊所批判的，这种制度使商人有可能腐蚀政治。

---

[1]　Joanne B. Freeman edit：*Alexander Hamilton: Writings*，p.734.

　　总体来看，汉密尔顿所认可的《关于制造业的报告》，不只是一个关于制造业的产业政策纲领，而且是一个涉及制造业、农业、金融、交通、贸易、教育的国家创新体系（National Innovation System）的伟大构想。然而，该报告引发的争议也比前面几个报告更大。最终，报告未能被国会立法通过，但是汉密尔顿成功说服国会采纳了其中的关税建议。汉密尔顿的建议在 1792 年 3 月的议案中重新提出，最终，国会采纳了提高 18 种关税、下调 3 种关税的办法。美国国会实际上接受了汉密尔顿几乎所有提高制造业产品关税的建议，而未触及补贴和其他建议。① 这对汉密尔顿而言，算是一种打了折扣的胜利。

　　1796 年 12 月 7 日，华盛顿在第八份国情咨文中称："国会多次讨论鼓励制造业的发展，并取得成效。这一政策意义重大，必须采取各种可行的措施以保证制造商们继续努力。一般来说，以公款发展制造业并不合适。但如果国家事态的发展使其制造业的某些部门无法获得足够长的发展时间，而这些部门在战争时期又承担着武装军队的关键任务。那么，那些出于国家策略、维护国家安全的考虑，提议用社会财力支持建立这些制造业部门，难道不可以成为特例吗？难道我国还能像以前那样依靠不稳定的、随时可能中止的外援吗？"② 此时，华盛顿仍在呼吁落实《关于制造业的报告》，这自然也应该是出于汉密尔顿的意思。后来，当与英国的战争真的再次降临时，美国制造业的发展将掀开新的篇章。

　　① 道格拉斯·欧文：《贸易的冲突：美国贸易政策 200 年》，余江等译，中信出版集团 2019 年，第 81 页。
　　② 约翰·罗德哈梅尔选编：《华盛顿文集》，第 809 页。

　　当代学者指出，1791 年，美国已经具备一定的机械制造能力，与西欧的水平旗鼓相当。美国不是一个现代意义上的"不发达"国家，只是一个工业企业不多的国家。[1] 这一点对理解美国的工业化至关重要。一方面，相对于前宗主国英国，美国确实是一个制造业落后的后发展国家；但另一方面，在全球工业追赶（catch up）的谱系中，美国又属于先行追赶者，与被追赶者的差距不太大，且同文同种易于技术转移，追赶难度没有那么高。在这一背景下看，《关于制造业的报告》对于美国制造业发展的实质性作用未见得很大。然而，对那些更晚开始追赶，面对的追赶壁垒也更高的国家来说，《关于制造业的报告》仍不啻一座思想的灯塔，照亮着工业化后来者进行追赶的航程。

七、亲英贸易与民族主义

　　汉密尔顿通常被视为经济民族主义（economic nationalism）的代表，[2] 不过，罗伯特·卡根指出："汉密尔顿非但没有寻求减少美国对与英国的商业贸易的依赖，而且还打算增加这种依赖并使之永久化——至少是直到美国变得足够富裕和强大——使其能够自立。"[3] 绝大部分学者恐怕从《关于制造业的报告》里看不出汉密尔顿希望美国依赖英国，[4] 但汉密尔顿确实不是刻板印象里的

---

[1]　乔纳森·休斯、路易斯·凯恩：《美国经济史（第 8 版）》，第 228 页。

[2]　里亚·格林菲尔德：《资本主义精神：民族主义与经济增长》，张京生等译，上海人民出版社 2009 年，第 448—463 页。

[3]　罗伯特·卡根：《危险的国家：美国从起源到 20 世纪初的世界地位》（上），第 137 页。

[4]　霍普金斯：《美利坚帝国：一部全球史》，第 153 页；罗恩·彻诺：《汉密尔顿：美国金融之父》，第 309 页。

经济民族主义者，而且他在贸易政策上的确是一个亲英派。考虑到
《关于制造业的报告》的精华部分或许出自考克斯手笔，则汉密尔
顿对经济民族主义的态度更显暧昧。相反，在对英问题上，杰斐逊
更像一个民族主义者，也确实推行了强硬的经济民族主义贸易政
策，而杰斐逊的这一态度也为他后来容纳《关于制造业的报告》里
推荐的政策预留了空间。

　　杰斐逊曾引述关于汉密尔顿亲英的传说："纽约的圣安德鲁俱
乐部（会员清一色是苏格兰亲英分子）最近举行了一次公开宴会，
亚历山大·汉密尔顿是来宾之一。宴会结束后，第一次干杯是为
'美利坚合众国总统'。没有什么反应就把酒干了。第二次干杯是为
'乔治三世'。汉密尔顿站了起来，坚持要把酒斟满并三呼万岁。所
有的人于是都起立，三呼万岁……"① 然而，汉密尔顿是亲英派这
一点，根本无须特别认证。不过，汉密尔顿主张加强对英贸易，在
当时只是反映了一种贸易结构的现实。美国原本处于大英帝国构建
的经济体系中，独立反而使美国被排除于英帝国经济圈外。例如，
在加勒比海，美国船只不被允许与英属西印度群岛直接贸易，试图
逃避英国法律的美国商人可能会被官员扣留。受限于英国《航海法
令》，美国造船业丧失了其主要市场。1783 年以后，由于美国鲸油
面临过高的英国关税，美国的船舶生产进一步下降。美国与法国的
经济升温，也无法弥补其与英国贸易冷淡所受的损失。② 表 3 显示
了独立前后美国出口贸易地理方向的变化，从中可见英国的占比虽
有下降，但仍然居于首位，且绝对值亦较大。这种经济现实使得在

① 托马斯·杰斐逊：《杰斐逊选集》，第 145 页。
② 加里·沃尔顿、休·罗考夫：《美国经济史（第 10 版）》，第 143—144 页。

政治品味之外，汉密尔顿亲英又多了一层理由。

表3：美国独立前后年均实际出口额

出口目的地	1768—1772 年（千英镑）	占总数的比例	1790—1792 年（千英镑）	占总数的比例
英国及爱尔兰	1 616	58%	1 234	31%
北欧	—	—	643	16%
南欧	406	14%	557	14%
英属西印度群岛	759	27%	402	10%
非英属西印度群岛			956	24%
非洲	21	1%	42	1%
加拿大殖民地	不明	—	60	2%
其他	—	—	59	2%
总计	2 802	100%	3 953	100%

说明：金额以 1768—1772 年价格计算。

资料来源：加里·沃尔顿、休·罗考夫：《美国经济史（第 10 版）》，第 145 页。

1790 年 12 月 8 日，华盛顿在其第二份国情咨文中提出担忧："倘若这些（欧洲）国家由于战争的关系削减海上运输，那么，至少我国货物海运的费用就会提高。鼓励和发展我国自己的航运事业，减少商业和农业对国外船只的依赖，因为在情况对商业和农业最有利的时候，外国船只可能会靠不住。现在，我提请各位认真考虑这样一个问题，即：如何发展我国的航运事业？在欧洲出现突发事件的时候，自主的航运事业在多大程度上能帮助我们应对尴尬局面？"① 自那时起，欧洲紧张的政治局势就开始牵动美国的神经，影响美国的经济发展。

1793 年，英法这两个欧洲最强大的国家开战，华盛顿宣布美国采取中立，但很难置身事外，结果是与这两国的关系均出现恶化。1794 年，美英之间长期的外交危机使这两个敌对多年的国家又有兵戎相见的危险。当年初，杰斐逊一派的共和党人提出对英国实施贸易报复计划，以结束英国对美国肆无忌惮的贸易干涉。英国及时向华盛顿提出要协商解决此事，并停止了扣留美国船只。4 月 16 日，华盛顿根据汉密尔顿的建议，任命杰伊作为特别使节出使英国。杰伊接受了英国的部分重商主义原则，英国还获得了美国的贸易最惠国待遇以及美国不给法国私掠船在美国港口补给的承诺。杰伊作出的让步还有，英国无须赔偿独立战争时因奴隶逃跑而蒙受损失的美国公民，而一些奴隶其实是英国军队解放的。至于美国革命前对英国商人欠下的债务，则由美国政府偿付。杰伊所获取的回报是，英国将于 1796 年撤出能用陆军威慑美国的西北要塞，返还 1793 年至 1794 年间所扣押的美国船只与货物，对小型美国船只开放英属西印度群岛。不过，关于西印度群岛的条款让利过于有限，令本来对与英国媾和表示支持的联邦党船主亦大失所望，最后被美国参议院删除了。这便是英美《杰伊条约》的草案。《杰伊条约》被认为丧权辱国，在当时的美国激起了公愤。1795 年 6 月 24 日，经过秘密辩论，该条约在参议院以最低限的多数票通过，在众议院则遭到麦迪逊领导的反对派的阻挠，他们要求华盛顿提供所有与条

① 约翰·罗德哈梅尔选编：《华盛顿文集》，第 654 页。

约相关的文件。但总统以条约的通过纯属参议院的事务为由拒绝了他们的要求，由此也开创了美国政治中行政特权（executive privilege）的先例。①《杰伊条约》使美国避免了与英国开战，或者说，将战争推迟到了十几年后。

作为对英媾和的推动者，1794 年 4 月 14 日，汉密尔顿在写给华盛顿的信中称："战争往往源于愤怒和反常的激情，而不是出于冷静的利益计算。"② 当然，这只是他个人计算利益得失的结果，在面对法国时，他是另一种态度。他称东部州尤其纽约州的主流民意是反对同英国开战的。③ 纽约人毕竟是要和英国做生意的。从经济上分析，汉密尔顿也反对杰斐逊一派的贸易报复计划，他写道：

切断与大不列颠的交往而使其遭受严重痛苦，势必扩大到间接和直接禁止其所有商品。否则，除了把两国间的贸易移交到外国人手中以外，别无他法，这对我们比对大不列颠更为不利。

如果对英报复延伸到全面禁止它的商品，无论采取何种措施，这都会使我们在其他地方找不到替代品的供应，而这些商品是我们在和平时期所必需的，如果我们要开战，更是必不可少。它对我们的财政收入也会造成突然而猛烈的打击，这种打击带来的损失根本不可能轻易地从其他资源中得到弥补。它将

① 乔治·布朗·廷德尔、大卫·埃默里·施：《美国史》第 1 卷，第 264—265 页。
② Joanne B. Freeman edit：*Alexander Hamilton: Writings*，p.813.
③ Joanne B. Freeman edit：*Alexander Hamilton: Writings*，p.814.

给商业带来巨大的中断，很可能会干扰迄今为止积累的税款的
支付，并使财政部完全停止支付——这一事件将从根本上切断
信用。

这种前景对我们的贸易造成如此大而突然的干扰，它必定
影响到我们的出口和进口，其后果是不可估量的。外国商品价
格的过度上涨——我国商品价格和需求成比例地下降——我国
收入和信贷的混乱——这些情况叠加在一起可能引起社会上最
危险的不满和动乱，并可能迫使政府最后不顾外国因素而可耻
地退却。①

从汉密尔顿的分析看，他认为美国没有做好对英国开战乃至实
施经济报复的准备。这一点并不能说明他不是民族主义者，只能说
他在一贯具有的亲英情结下，选择了更务实的外交策略。换言之，
汉密尔顿推出《关于制造业的报告》是为了做好对英贸易"脱钩"
情况下独立发展的准备，而他推动《杰伊条约》的签订则是认为还
没有做好应对"脱钩"的准备。

然而，从治国技艺的角度说，经常出现的情况是，很难认为什
么时候是做好了准备的最佳时机，过多的计算也可能适得其反。至
少，在国内政治这一块，汉密尔顿摧毁了自己重要的根基。由于汉
密尔顿不鼓励保护性的高关税，到 1793 年底，东部地区的制造商
站到了他领导的联邦党的对立面，连原属其阵营的纽约技工与商人
总会也转而支持杰斐逊的共和党。尽管杰斐逊不鼓励美国发展制造

① Joanne B. Freeman edit：*Alexander Hamilton: Writings*，p.819.

业，但他和麦迪逊所推崇的严厉的贸易限制措施，被制造商们认为对自己有利。而当汉密尔顿主导华盛顿政府与英国和解后，考克斯愤而转投了杰斐逊派的共和党，因为他认为共和党的贸易政策对促进美国制造业发展更有利。① 汉密尔顿大骂考克斯骄横、阴险又自大，声称："那个男人聪明反被聪明误。他屡屡犯错，他的意见毫无价值。"② 然而，汉密尔顿实际上抛弃了自己的基本盘，他的对手却通过容纳他的部分政策主张，扩大了自己的政治支持根基。1823年5月，早已退出政坛的杰斐逊在一封信中写道："对威士忌酒征税会减少消费；对外国酒征税则会促进威士忌酒的生产，因为它的竞争对手被除去了。目前的价格和税率已使法国酒失去了和威士忌酒竞争的能力，因此外国酒仅在有限范围内饮用。"③ 尽管此时杰斐逊并不认为应对太多外国制造业产品征收过高关税，但他很清楚汉密尔顿《关于制造业的报告》里的理论能得到事实支撑。杰斐逊继承了汉密尔顿的政治遗产，而汉密尔顿自己的党派，则不断瓦解并最终消散。

八、 被宿敌继承政治遗产

汉密尔顿可谓壮志未酬身先死。不过，即使在他生前，他设计的制度与制定的政策，当他离任后，也会被继任者推翻。杰斐逊当上总统后取消国内消费税即为一例。1792年5月26日，汉密尔顿在一封信中提到："杰斐逊先生毫不保留地表达了他对整个财政体

① 道格拉斯·欧文：《贸易的冲突：美国贸易政策200年》，第82—83页。
② 罗恩·彻诺：《汉密尔顿：美国金融之父》，第312页。
③ 托马斯·杰斐逊：《杰斐逊选集》，第699页。

系的厌恶，质疑了为债务进行融资的权宜之计……我的意思并不是说，他主张直接取消已经做过的事情，而是他依据他的原则进行了整体性的批判，如果这些原则成为一般性原则，那就只能以颠覆现行体系而告终。"① 他已经预见到了杰斐逊一旦掌权就改弦易辙的危险。实际上，杰斐逊确实改革了汉密尔顿设计的美国财政部制度。1802 年 4 月 1 日，杰斐逊写信给自己的财政部部长加勒廷称："我们希望联邦的财政就像一个商人的账簿那样清清楚楚，每一个国会议员、联邦每一个稍有头脑的人都能了解，以便查出弊端，并予以矫正。我们的前任们曾力图用一套错综复杂的制度，并把调查者不断从一个官职调到另一个官职，把一切事情掩盖起来。不让它们暴露。我希望我们将反其道而行之……"② 杰斐逊政府时代的财政体制创新乏善可陈，但将国家财政公开化与透明化，确实是其功绩。而杰斐逊对汉密尔顿"反其道而行之"的也不止这一点了。但历史给杰斐逊开了个大玩笑，不仅汉密尔顿打造的财政国家作为一种体制整体上得以保留，而且在争议最为激烈的制造业发展问题上，杰斐逊实际上继承了汉密尔顿的政治遗产。

地缘政治的紧张局势与战争造成的紧急情况，带来了杰斐逊政府及其之后的麦迪逊政府的观念转向，使其不得不继承汉密尔顿设计的政治经济体制。战争催生了对政府收入、军队建设与制造业发展的巨大需求，而这是汉密尔顿早就预见的。杰斐逊派对国内消费税的抵触使美国政府不得不仰仗关税作为主要收入，而高进口关税意外地给本土制造业提供了《关于制造业的报告》所揭示过的保护

① Joanne B. Freeman edit：*Alexander Hamilton: Writings*，p.739.
② 托马斯·杰斐逊：《杰斐逊选集》，第 555 页。

效应。战争刺激财政国家形成的大戏，曾在汉密尔顿所倾慕的英国上演，在汉密尔顿身后，舞台又移到了美国。

早在 1793 年 12 月 16 日，杰斐逊作为国务卿，就在一份报告中提出采取贸易报复是合宜的："如果任何国家违背我们的愿望，认为继续实行它的一套禁令、关税和限制对它更加有利，那我们也就只好用反禁令、反关税和反限制来保护我们的公民，保护他们的贸易及航运。"这份报告还提到采取关税反制措施有利于发展本国制造业："此类税有间接鼓励国内同类产品生产的作用，能引诱制造商自行到这些州来……这样，我们的农产品在外国港口受到的压迫就会化为一种动力，摆脱对别人行为的依赖，促进国内工艺和制造业，并且促使人口增长……"① 这里提到的高关税能促进国内制造业发展的观点，重复了《关于制造业的报告》里的内容。可以说，杰斐逊不喜欢制造业，但他不排斥高关税和贸易限制政策，在这一点上，难以说他和汉密尔顿谁更具有经济民族主义思想。

1800 年，杰斐逊当选总统，共和党也掌控了国会，这方便他推行自己的政策。实际上，杰斐逊对汉密尔顿打造的财政体制的改动是有限的。而随着 1803 年后法国重新对英国开展军事行动，英法之间的冲突再次使欲求中立的美国陷入尴尬的处境。随着美国和英国之间的关系再度紧张，杰斐逊希望以贸易禁运的方式避免与英国发生军事冲突，他的财政部部长加勒廷对此却表示反对，认为贸易禁运没什么作用。然而，杰斐逊坚信自己是正确的，1807

---

① 托马斯·杰斐逊：《杰斐逊选集》，第 316—317 页。

年 12 月 8 日，他要求国会禁止所有美国船只前往外国港口，而这实际上是要求停止一切贸易。① 美国的海运业受禁运的创伤甚大，然而，在禁运开始后的头 6 个月，大约 500 万美元的资本从商业流向了工业。② 贸易禁运引发民怨沸腾，但杰斐逊坚持认为禁运无效是因为商人不爱国，并准备像华盛顿镇压威士忌叛乱那样调动民兵镇压违抗禁运法令的走私分子。随着 1808 年 11 月大选临近，加勒廷警告杰斐逊，如果禁运不解除，共和党可能损失惨重，联邦党人会卷土重来。然而，事实是共和党仍牢牢控制国会，杰斐逊的亲密战友麦迪逊也轻松赢得总统选举。③ 尽管如此，禁运还是在 1809 年初解除了。杰斐逊的贸易禁运政策未能贯彻到底，但这段历史有两点值得注意：其一是，失去了汉密尔顿以及在汉密尔顿时代就损失了制造商基本盘的联邦党人难以翻盘；其二则是，杰斐逊居然要效仿华盛顿—汉密尔顿政权，对自己的人民开战。1810 年 9 月 20 日，在给一位报纸主编的信中，杰斐逊提出："严格遵守成文法无疑是一个好公民的重要义务之一，但并不是最重要的。迫切需要、自我保存、危急时保卫祖国等法则是更重要的义务……华盛顿将军……围攻约克敦时，他将近郊村庄夷为平地，因为他认为国家的安全必须高于财产法之上。"④ 这听起来很像汉密尔顿的口吻。不管杰斐逊愿不愿意继承汉密尔顿打造的财政国家，汉密尔顿留下的英国式体

---

① 道格拉斯·欧文：《贸易的冲突：美国贸易政策 200 年》，第 96—97 页。
② Robert A. Kilnarx edit：*America's Maritime Legacy: A History of the U. S. Merchant Marine and Shipbuilding Industry Since Colonial Times*，London and New York：Routledge，2018，p.32.
③ 道格拉斯·欧文：《贸易的冲突：美国贸易政策 200 年》，第 104—105 页。
④ 托马斯·杰斐逊：《杰斐逊选集》，第 595—596 页。

制都给了杰斐逊以动用武力的底气。事实上，尽管贸易禁运将商人推向了杰斐逊政府的对立面，但美国的公共信用并没有如汉密尔顿在 1794 年 4 月预测的那样崩盘，而讽刺的是，这是因为汉密尔顿为美国打造的财经体制坚如磐石。

还可以补充的是，在汉密尔顿生前，杰斐逊就已经受惠于这个体制。1803 年，美国进行了路易斯安那购地，花 1 500 万美元从拿破仑手中买下路易斯安那州，将国土面积扩大为当时的两倍，其支付方式一部分是通过发行价值 1 125 万美元的债券，规定 15 年以后按 6% 的利率偿还；一部分则通过承担法国欠美国公民的 375 万美元债务，那些债务是 1798—1800 年美法关系紧张时法国掠夺美国船只欠下的。① 没有汉密尔顿创造的公债制度，这一交易难以想象。1803 年 7 月 5 日，汉密尔顿在一篇文章中不无醋意地写道："这笔收购是在杰斐逊先生担任总统期间进行的，毫无疑问，这将给他的政绩增添荣耀。然而，每一个具有最起码的率直品格与反思精神的人，都会欣然承认，这次收购完全是由于不可预见的意外情况的偶然巧合所致，而不是由于美国政府采取了任何明智或有力的举措。"② 他说的或许是对的，但运气站在了杰斐逊一边。实际上，汉密尔顿确实嘲讽了杰斐逊此前对他的财经政策的抨击。汉密尔顿的制度创新经常打着应对"紧急情况"的旗号，而杰斐逊一直认为这不过是王权派借以扩权的唬人由头。然而，汉密尔顿指出，路易斯安那购地就是一次临时需要用到大笔资金的"非常之事"（extraordinary event）。他嘲讽了杰斐逊政府准备不足："但是，这

① 普莱斯·费希拜克、斯坦利·恩格曼等：《美国经济史新论》，第 110 页。
② Joanne B. Freeman edit：*Alexander Hamilton: Writings*，p.996.

届政府真正对国家有任何实质性贡献的第一个也是唯一一个举措（因为他们迄今为止一直依靠前任制定的规定行事）是真正的'非常之事'，需要的钱比他们已经收入的更多。根据加勒廷的报告，他们有大约4万美元的积蓄，以备不时之需，而现在，首个'非常之事'就需要他们拿出数百万美元。这是拿怎样一个穷得让人挨饿的体系在管理政府啊！但是钱从哪里来呢？不是对奢侈品、财富和威士忌征税，而是增加对生活必需品的征税。让我们记住这一点。"① 汉密尔顿是对的，但赢的是杰斐逊。杰斐逊政府依靠汉密尔顿创造的制度去应对非常之事，不过，汉密尔顿显然不太有"功成不必在我"的豁达。1803年7月11日，在给一位将军的信中，杰斐逊表达了对包括汉密尔顿在内的嫉妒者的不满："这些抱怨者而且非常心神不宁，唯恐政府因为购买这块土地而分享到一点点功劳，他们把整件事归因于战争这个意外因素。"② 美国早期政治领袖间的关系实在充满了足够多的戏剧冲突，去创作类似音乐剧《汉密尔顿》那样的剧本。

1809年4月，美国总统麦迪逊重新开放了对英国的贸易，但英国政府未对等回应，迫使麦迪逊在四个月后重新实施了互不往来措施。这时的国会中充满新一代的年轻共和党人，包括来自肯塔基的亨利·克莱（Henry Clay），他们要求对英国采取军事行动。随着美国积极备战，加上正巧英国赶上经济衰退，英国的态度有所软化。不过，由于通信阻隔，1812年6月，美国还是向英国宣战了。战争延续了两年多时间，美国损失惨重，但英国也无法实现更多目

① Joanne B. Freeman edit: *Alexander Hamilton: Writings*, p.1000.
② 托马斯·杰斐逊：《杰斐逊选集》，第560页。原译如此。

标，双方于 1814 年 12 月签订了《根特条约》，恢复和平。从 1809
年到 1814 年，美国均处于某种战时状态。这场战争改变了杰斐逊
对于制造业的态度。① 1809 年，杰斐逊在一封信中坦言："最近我
反复劝导要鼓励制造一切其原料由我们自己生产的商品，数量以至
少满足我们自己消费为限。"② 他在另一封信中则写道："制造业的
精神在我们中间根深蒂固，奠定基础花费极大，绝无毁弃的可
能。"③ 而在麦迪逊政府继续担任财政部部长的加勒廷，于 1810 年
4 月提交了一份《制造业报告》，其结论与麦迪逊曾极力阻止的汉
密尔顿那份报告极为相似。当年 12 月，在对国会的年度报告中，
麦迪逊把美国正在兴起的制造业归功于同英国的贸易中断。④ 这一
观点得到了当代经济史学者的认可。1812 年战争期间，在洛厄尔
（Lowell）兴起的第一批棉纺织企业成为美国制造业的重大突破。
尽管许多新企业没能在战后生存下来，但留下来的厂房和设备有助
于 19 世纪 20 年代美国制造业的重新扩张，有些没有去西部的农业
工人也成为东部制造业劳动力的来源。⑤ 1812 年 1 月 21 日，在给
约翰·亚当斯的信中，杰斐逊预见到了制裁与战争导致的对英贸易
中断会刺激美国制造业的发展："至于细纺品，就得依靠你们北部
的工厂了……英国拒不满足我们对他们产品的需要，这反而对我们
有莫大好处，等他们愿意恢复自由通商以后，他们和我们贸易的形

　　① 理查德·霍夫施塔特：《美国政治传统及其缔造者》，崔永禄等译，商务印
书馆 2012 年，第 49 页。
　　② 托马斯·杰斐逊：《杰斐逊选集》，第 582 页。
　　③ 理查德·霍夫施塔特：《美国政治传统及其缔造者》，第 49 页。
　　④ 道格拉斯·欧文：《贸易的冲突：美国贸易政策 200 年》，第 116—117 页。
　　⑤ 斯坦利·恩格尔曼、罗伯特·高尔曼主编：《剑桥美国经济史》第 2 卷，第
274 页。

式将大大改变，将来我们向他们要的商品不会超过他们对我们的产品的消费。"① 1813 年 1 月 13 日，杰斐逊在一封信中又称："我没有料到制造业在那里（西部诸州）发展如此之快。尤其是梳毛机和纺纱机数量如此之多……我从前是不赞成大规模生产的。我曾经怀疑我们花在农业上的劳动，在土地天然力的帮助下，是否能使我们获得比我们自己能生产的其他必需品更多的东西。但是对这个问题的其他考虑已经消除了我的怀疑。"② 战争结束后，麦迪逊政府将建立起美国历史上第一套真正的保护性关税制度。这种关税政策不符合汉密尔顿的初衷，但他发展制造业的主张被他的政敌所提倡，他的政敌还打造了比他更为激进的培育国内制造业的政策框架。而在后面的故事里，克莱将大显身手。历史学家特纳（Frederick Turner）写道，在美国的西进运动中，"在克莱……的领导下，保护性关税法案获得通过，当时提出的口号是'农场变工厂'"③。汉密尔顿若有在天之灵，他或许会像对待路易斯安那购地那样，怀着半欣慰半疑虑的复杂心情看待他参与缔造的国家的这一成长路径。

实际上，在前述汉密尔顿 1803 年发表的讨论路易斯安那购地的文章中，他在表面上庆贺之余，字里行间都流露出对这一领土扩张可能带来安全隐患的质疑。但美国终究要成为一个大陆帝国。1812 年战争刺激了美国制造业的兴起，但航运业和出口贸

---

① 托马斯·杰斐逊：《杰斐逊选集》，第 605 页。
② 托马斯·杰斐逊：《杰斐逊选集》，第 610 页。
③ 弗里德里克·杰克逊·特纳：《美国边疆论》，董敏等译，中译出版社 2012年，第 22 页。

易大受打击。^① 汉密尔顿所设想的美国体系是一个大英帝国重商主义体系的翻版，由制造业、贸易与海运这三位一体构成。1812 年战争后，美国这个年轻的国家将青春期旺盛的精力都挥洒于向西部的领土扩张，制造业欣欣向荣，海运业却无法复刻前宗主国的辉煌。杰斐逊在 1809 年迫于时局转而支持制造业时，依然贬斥海运业，这或许已经埋下了美国长期背朝大海的种子。这位种植园主在一封信中这么写道："新英格兰……他们的学说在于为了商业而牺牲农业和工业，号召全体内地人民去海岸经商，把这个农业大国变成阿姆斯特丹市。我相信我国人民有良好的判断力，他们懂得国家最大的兴旺发达取决于农业、工业和商业之间的适当平衡，而不在于这种突出的海上运输，它从我们建国伊始就使我们处于困境，现在又使我们陷入战争。"^② 杰斐逊可以向制造业让步，因为制造业终究可以满足美国的国内需求并使美国自给，但他显然不愿意迁就给美国带来一系列外交与军事纠纷的海运业。

　　美国终将如古罗马一样，作为一个大陆帝国崛起，然后将视线投向海洋。1845 年，一位纽约的报纸编辑奥沙利文（John L. O'Sullivan）发明了"昭昭天命"（Manifest Destiny，又被称为"天定命运"）一词。奥沙利文写道："我们的天定命运就是覆盖整个大陆，上天每年分配给我们上百万增加的人口，使我们能够自由发展。"^③ 当然，转向不是一蹴而就的，但在整个 19 世纪，美国以铁

---

① 斯坦利·恩格尔曼、罗伯特·高尔曼主编：《剑桥美国经济史》第 2 卷，第 510 页。

② 托马斯·杰斐逊：《杰斐逊选集》，第 582—583 页。

③ 乔治·布朗·廷德尔、大卫·埃默里·施：《美国史》第 2 卷，第 418 页。

路推进北美大陆的经济一体化，海运霸权依然由英国人执掌。英国学者安德鲁·兰伯特（Andrew Lambert）区分了作为国家的"海权"（seapower）与马汉提倡的"制海权"（sea power）——作为国家的海权依靠海洋生存，而追求制海权的国家只关注对海洋的战略使用。从这个角度看，英国是一个海权国家（seapower state），而美国则不是。兰伯特指出："19 世纪晚期的美国战略家马汉愉快地重复着德国历史学家的看法，因为他们主要关注的都是他们本国的帝国扩张大业。这两个国家都是大陆国家，都建立了一支以跨海投送军事力量为目的的海军，这使得他们对制海权的分析带有特殊的陆军性质。"[①] 兰伯特通过考据术语而进行的理论区分，很好地解释了美国海权（sea power）体系今日仍存在的某种"跛足"现象。从这一理论看，甚至汉密尔顿也没有构想海权国家（seapower state），他之后的美国领导人则在通往大陆帝国的路上走得更远。至少，在马汉之前，美国是依靠其国内大循环推进其工业化的。表 4 为 1810—1899 年美国的制造品产出与贸易数据，从中可见，一方面，19 世纪美国的制造品进口长期超过制造品出口；但另一方面，进口制造品占国内消费份额的比重却持续萎缩，由此推测，美国制造业是以国内市场为主战场，在满足国内需求的基础上崛起的。直到美国制造业羽翼丰满而能够转贸易入超为贸易出超时，马汉恰好捡起了汉密尔顿设想过的面向海洋的世界观。汉密尔顿所呼吁过的美国制造业自给，在 19 世纪末终究是实现了。

---

① 安德鲁·兰伯特：《海洋与权力：一部新文明史》，龚昊译，湖南文艺出版社 2021 年，第 15 页。

表 4：美国制造业产品的贸易和产出（1810—1899 年）

单位：百万美元，以现价美元计算

年份	制造品进口	制造品出口	制造品净出口	制造品国内产值	进口占国内消费份额
1810	49	6	− 43	173	23%
1839	55	16	− 39	547	9%
1849	121	23	− 98	1 019	11%
1859	191	46	− 145	1886	9%
1869	220	61	− 159	4 232	5%
1879	180	133	− 47	5 370	3%
1889	327	166	− 161	9 372	3%
1899	262	381	119	13 014	2%

资料来源：道格拉斯·欧文：《贸易的冲突：美国贸易政策 200 年》，第 188、246 页。

　　不管怎么说，杰斐逊的党派以一种曲折的方式成了汉密尔顿的政治遗嘱的执行人。杰斐逊是以一种极为痛苦的心情看待战争给美国带来的变化的，他在 1814 年的一封信中写道："我们的敌人的确从魔鬼那里获得了安慰，他把我们的第一代祖先逐出了天堂乐园，使我们从一个和平的农业国变成一个好战的工业国。"① 1826 年 2 月，活得足够长的杰斐逊在他去世前几个月的一封信中写道："农业因纳税支持制造业以及纸币价值剧烈波动而一蹶不振，处于萧条

---

　　① 托马斯·杰斐逊：《杰斐逊选集》，第 644 页。

状态，这种情况使大西洋这边的人逐渐迁移西部诸州，致使东部土地供过于求，无人问津。在这种情况下，土地已失去其还债手段的特性。"① 当时，杰斐逊个人的财务状况正面临严峻的危机，制造业与纸币这两个汉密尔顿的宠儿正在侵蚀他这个农业精英的财富。汉密尔顿的政治遗产在代替他实施着报复。时来天地皆同力，运去英雄不自由。政治家既创造历史，又受到历史的束缚，对汉密尔顿来说是如此，对杰斐逊也一样。

九、 延续至今的治国技艺

2017 年 1 月 21 日，唐纳德·特朗普（Donald Trump）宣誓就任美国第 45 任总统，他发表了一篇充满保护主义与经济民族主义的就职演说，提出要进行基础设施建设，重振美国的制造业。这篇演说令人回想起汉密尔顿《关于制造业的报告》。它是个相当令人意外的信号，因为从 1977 年之后，美国就没有哪个主要政党的总统候选人支持过保护主义政策。② 尽管汉密尔顿与经济民族主义的关系颇为暧昧，但他作为一种符号化的象征，已经成为美国治国技艺的重要传统。在萨缪尔森（Paul A. Samuelson）那本最正统的西方主流经济学教科书的第 17 版里，有一小节"保护'幼稚产业'的关税"，起笔便曰："亚历山大·汉密尔顿在其著名的《关于制造业的报告》（1791 年）中，建议保护'幼稚产业'使之不受外国竞

---

① 托马斯·杰斐逊：《杰斐逊选集》，第 720 页。
② 托马斯·鲍斯泰尔曼：《二十世纪七十年代：从人权到经济不平等的全球史》，乔国强等译，商务印书馆 2015 年，第 137 页。

争的损害，从而促进制造业的增长。"① 该书尚未像某些教科书那样罔顾历史事实而完全否定保护性关税的作用，但也得出和汉密尔顿相似的结论："研究历史可以发现，确有一些幼稚产业经过保护之后发展成了独立和成熟的产业。对那些成功了的新兴工业国（如新加坡和韩国）的研究表明，在其工业化早期阶段，它们经常保护本国的制造业，使其免受进口商品的损害。但对于扶持幼稚产业而言，补贴将是更有效率和更加透明的做法。"② 不管怎么说，在经济学教科书里，汉密尔顿的名字已经和幼稚产业保护论以及保护性关税永远联系在了一起。

仔细研究思想史，会发现汉密尔顿的治国技艺遗产颇为复杂。首先，汉密尔顿是美国财政与金融体制的缔造者，其功勋无可置疑，他设计的国家银行制度尽管一度中断近一个世纪，但还是被美国重建的中央银行体系所继承了。其次，汉密尔顿是美国工业化的鼓吹者，是美国工业文化的象征，在这一点上，他的遗产被完美继承。几乎当他还在世时，他的政敌便拾其衣钵，把原本属于他的政党的制造商基本盘给吸纳了过去。从 20 世纪后期直到 21 世纪的此时此刻，美国政府不断试图重振制造业的政策，源头都可以追溯到汉密尔顿 1791 年的《关于制造业的报告》。最后，不无讽刺的是，汉密尔顿在《关于制造业的报告》中提出了设置高进口关税是培育制造业的一种手段，也只有这一手段被他的政敌们所采纳和继承，但他本人实际上并不热衷保护性关税。当他被符号化之后，美国长

---

　　① 保罗·萨缪尔森、威廉·诺德豪斯：《经济学（第 17 版）》，萧琛主译，人民邮电出版社 2004 年，第 253 页。
　　② 保罗·萨缪尔森、威廉·诺德豪斯：《经济学（第 17 版）》，第 253 页。

期高筑关税壁垒的传统从源头上似乎也能追溯到他了。但不管他愿意与否，这三大遗产在美国延续至今，构成了美国治国技艺中独特的汉密尔顿传统。

1903 年 2 月 14 日，美国成立了商务与劳工部（US Department of Commerce and Labor），1913 年 3 月 4 日，该部改组为美国商务部（Department of Commerce）。美国商务部网站介绍其历史时，追溯到了汉密尔顿的早期活动与观点。[①] 美国商务部在很大程度上分担了汉密尔顿时代财政部促进贸易与产业发展的职能。在《美国商务部战略计划（2022—2026）》（U. S. Department of Commerce Strategic Plan: 2022—2026）里，可以读到关于提升制造业竞争力的构想：[②]

战略目标 1.1

振兴美国制造业与加强国内供应链

强大的工业基础对美国的国家安全、经济安全和技术领先地位至关重要。新冠肺炎危机凸显了供应链脆弱和国内制造能力薄弱的风险。世界某个角落的瓶颈可能会对国内工业造成严重破坏，限制生产，影响就业和家庭。国内生产对创新也至关重要。制造业贡献了 58% 的国内研究与开发（研发），当生产转移到海外时，研发通常也随之而去。此外，制造业是美国第六大雇主，占国内生产总值（GDP）的 11%，并为美国经济

---

① https://www.commerce.gov/about/history/origins
② https://www. commerce. gov/sites/default/files/2022-03/DOC-Strategic-Plan-2022-2026. pdf

贡献了 52.3 万亿美元。全国各地的社区和工人都知道，制造业
意味着良好的就业机会和充满活力的地方经济。

　　商务部将与私营部门合作，部署制造业的投资、技术支
持、社区发展工具、商业对话以及工业数据，以振兴国内生产
和建设有弹性的供应链。

　　不用作过多介绍，也能看到这份计划是汉密尔顿《关于制造业
的报告》在 21 世纪的翻版。事实上，从 19 世纪初开始，美国政府
就有一系列报告与计划继承汉密尔顿《关于制造业的报告》，以至
于对此进行文献研究将是一件工作量巨大的事情。但这就是汉密尔
顿及其助手考克斯为美国留下的治国技艺传统，尽管这一传统实际
上又加入了杰斐逊、麦迪逊以及克莱等人贡献的要素，未能完全反
映汉密尔顿的本意。

　　2024 年美国《外交事务》（*Foreign Affairs*）的 9/10 月合刊登
载了佛罗里达大学教授沃尔特·米德（Walter Russell Mead）的一
篇文章《汉密尔顿治国技艺的回归：动荡世界里的大战略》（The
Return of Hamiltonian Statecraft：A Grand Strategy for a Turbulent
World）。[①] 从文章标题就可以看出，米德旗帜鲜明地呼吁美国重返
汉密尔顿传统。在米德看来，汉密尔顿的治国技艺既不同于杰斐逊
式民族民粹主义（national populism），也不同于主张无国无族的自
由主义。米德声称，汉密尔顿治国技艺一直是美国历代领导者遵循
的政治智慧，只是到了冷战结束后，才遗失于"历史终结了"的乐

---

　　① 　以下对该文的引用均源自《外交事务》网刊。

观主义心态中。随着动荡时代的回归，汉密尔顿治国技艺也有必要回归。他认为汉密尔顿治国技艺有三大支柱性理念：第一，"商业（business）不仅是美国财富的基础（因此也是军事安全的基础），还是社会与政治稳定的基础"，因此，"政府的首要事务（business）是确保能使私营企业繁荣的条件"。根据这一理念，政府要打造金融体系、资本市场，维持警察和军队保障秩序的能力，以及建设物质基础设施如道路、港口、铁路、机场，和信息基础设施（infostructure）如电信监管与知识产权定义等。米德特别强调："一个汉密尔顿式政府是亲市场的，但不完全是自由放任的。它的经济政策超越了仅仅观察自由市场的运作。它行动。它投资。它利用自己的权力促进某些类型的企业优先于别的企业发展。"第二，"国家和家国情怀（nation and national feeling）的关键作用"在汉密尔顿时代和即将到来的时代可能同样重要。对汉密尔顿以及林肯、罗斯福等汉密尔顿主义者（Hamiltonians）来说，美国宪法的序言很重要，开国元勋们写的是"我们合众国人民"（We the people of the United States）而不是"我们人民"（We the peoples）。米德抨击了缺乏国家忠诚度的跨国企业："如果一家公司认为自己是世界公民（a citizen of the world），它的家在中国、印度、俄罗斯和沙特阿拉伯就像和在美国一样，它的领导不觉得对美国人民（American people）负有特殊的义务，那么，美国人民为什么要支持这个行当（business）反对来自外国的不公平竞争？或者，在那种情况下，为什么美国人民不直接对其利润征税并没收其资产？"第三，汉密尔顿遗产包含外交政策中的现实主义（realism）概念，汉密尔顿及其追随者既不支持天真的自由国际主义者（the naive liberal internationalists），也不赞同马基雅维利式的现实主义者（the Machiavellian realpolitikers）。米德认为，美国在二战后让西德和日本重返全球经济就是一种现实主义外交，这种现实主义有助于和平。总体来说，米德呼吁一种务实的治国技艺："汉密尔顿主义的政策制定者可以冷酷无情地支持国家利益；也可以成为开明治国的典范。他们根据他们对所处时代环境的解读来选择行动方针。"①

　　米德的这篇文章是从宏观层面探讨汉密尔顿的治国技艺，甚至没有特意提到制造业。然而，这篇文章对商业与政治之间密不可分关系的强调，实际上还是指向了《关于制造业的报告》，毕竟，汉密尔顿所特别讨论过的应由政府扶持的"商业"，主要就是制造业。在汉密尔顿的时代，汉密尔顿本人关注的产业是铁、铜、棉花、丝绸、火药等，到了今天，新一代的汉密尔顿主义者，关注的自然是芯片、新能源、航天、智能装备等。当然，要践行汉密尔顿主义，当下的美国或许需要一场新的"王权派的革命"，去创造一种政商紧密结合的体制。米德写道："今天，商界和政府的领袖都发现了汉密尔顿早就告诉过他们的真理：经济政策就是战略，反之亦然。"

　　此时此刻恰如彼时彼刻，今天，美国制造业的发展及其问题，以及美国政府围绕振兴本国制造业采取的种种举措，仍然是决定世界命运的重要力量与因素。追根溯源，当我们去阅读汉密尔顿的《关于制造业的报告》时，或许能找到解开当今世界谜题的一把钥

① 这种现实主义态度令人回想起 19 世纪的德国历史学派经济学家施穆勒对腓特烈大帝产业政策的阐释，感兴趣的读者可参考古斯塔夫·冯·施穆勒：《重商主义制度及其历史意义》，严鹏译注，东方出版中心 2023 年，第 150—151 页。

匙。且用音乐剧《汉密尔顿》里伯尔射杀汉密尔顿后的一句台词来
作结吧：①

> 我本该知道，
>
> 这世界曾经足够大，
>
> 能将我和汉密尔顿容下。

是的，这世界曾经足够大（The world was wide enough），而现
在与未来是否如此，部分取决于历史的时势，部分取决于世人是否
能如汉密尔顿那样，去努力塑造我们生存的世界。

---

① Lin Manuel Miranda and Jeremy McCarter：*Hamilton: The Revolution*，
p.275.

关于制造业的报告①

　　① 本译本选取的是美国国家档案馆"国父在线"专题（Founders Online）所保存的汉密尔顿关于制造业报告的最终版本。全篇详见："Alexander Hamilton's Final Version of the Report on the Subject of Manufactures，（5.December 1791），" *Founders Online*，National Archives，https：//founders. archives. gov/documents/ Hamilton/01-10-02-0001-0007

1791 年 12 月 5 日提交给众议院

致尊敬的众议院议长：

财政部部长遵循众议院 1790 年 1 月 15 日的命令，[①] 在其职能允许的条件下，尽早地关注制造业问题，特别是如何促进制造业的发展，使美国能够在军事和其他重要物资的供应上独立于外国。为此，他恭敬地呈递了以下报告：

鼓励美国制造业发展是否适宜，在不久前还被广泛质疑，现在看来似乎已被普遍接受。我们发展对外贸易受阻的窘境，促使人们严肃反思扩大国内商业范围的必要性。外国市场上的限制性法规，减少了我们剩余农产品的出口，使人们迫切希望在国内市场上为这些剩余农产品创造更大的需求。美国制造业在一些高附

[①] 1790 年 1 月 15 日众议院命令，是指让财政部部长准备并向众议院报告一个合适的计划或一组计划，从而回应乔治·华盛顿总统在国会演讲中关于鼓励和促进可让美国在关键必需物资供应问题上独立于外国的制造业的建议。——译者注。本书脚注除特别注明外均为译者注。

加值领域里所取得的完全的成功，在一些不太成熟的行业中也展示出好的迹象，这使人们对美国制造业能够克服障碍取得发展怀揣信心，这些障碍并不如原来预想的那般可怕。不难发现的是，促进制造业的进一步扩展，足以抵偿任何可能的或者将来有可能遇到的外部不利因素，为国家独立和安全提供有利资源。①

尽管如此，仍然有一些受人敬仰的人士，不赞成鼓励制造业的发展。以下大体上是为此观点辩护的主要论据。

"在每一个国家（这里指的是让他们满意的国家）农业都是人类产业（Human industry）中最具收益和生产力的部门。这一观点即使不是放之四海而皆准，也普遍适用于美国，因为美国有大片无人居住和待开垦的肥沃土地。没有什么方式能比将这片辽阔的荒野转变为耕作的农田，更能对资本和劳动力进行有效的利用了。舍此之外，没有什么比农业更能增加国家的人口和让国家变富强。"②

---

① 当时《美国博物馆》杂志上有很多观点认为，如果在美国建立制造业，尽管不是不可行的，也将充满荆棘。其中一位作者写道："在美国革命前，英国人普遍持有一种观点，且这个观点也被很多美国人接受，就是在美国发展制造业与这个国家的利益背道而驰。"详见：*The American Museum*，II，September，1787，pp.257－258。

② 这段中的内容是讲述重农主义的观点。一些内容摘录于亚当·斯密的《国富论》："一国资本，要是不够同时兼营这三种事业，那么，我们就可以说，投在农业上的部分愈大，所推动的国内的生产性劳动量也愈大，同时，对社会土地和劳动的年产物所增加的价值也愈大。"当然，亚当·斯密本身是否定重农主义的，但其著作中引用的重农主义观点构成了汉密尔顿的参考资料。参见亚当·斯密：《国富论》，郭大力、王亚南译，商务印书馆2015年，第346页。（下文引注的中译版《国富论》均属同一版本，简称《国富论》。）

"政府特别支持加速制造业的发展，实际上，只不过是用强力与技艺，改变制造业原有趋势，将其从更有利可图的发展方向转移到一个获利没那么多的发展方向上。凡有这种倾向，都是不明智的。可以肯定的是，一个政府试图为其公民指明产业发展方向，几乎从来都不是明智之举。如果放任产业自由发展，在私人利益的敏锐指导下，必然会找到最有利可图的营生（employment），将最有效地促进公共繁荣。几乎在所有情况下，让产业自行发展都是最合理也最简单的政策。"①

"这项政策不仅是对美国的建议，也会影响到所有国家，在某种程度上，这是由特殊国情所迫的。美国地广人稀，不断诱惑人们从定居地向未开拓的地方迁移；这种形势下，独立性较低的工匠会变成独立性较高的农民（farmer），以上原因和其他类似的原因共同造成了，在相当长的一段时间内，制造业的人手短缺以及一般性的劳动力价格昂贵。除了这些不利于制造业发展的因素外，再加上金钱资本（pecuniary capital）的不足，美国要想成功地与欧洲的制造业竞争，前景可谓十分渺茫。大规模的制造业只能是人口冗余后的产物，或至少也要有足够多的人口支撑。在美国人口具备上述特征之前，对发展制造业抱有希望是徒劳无益的。"

---

① 这段内容主要源自亚当·斯密对重商主义政策影响的分析，详见：《国富论》第四篇第二章《论限制从外国输入国内能生产的货物》。

"如果背离事物发展的自然进程（the natural course of things），通过高关税、禁令、奖励金或其他强制性的手段，不合时宜地催化制造业发展，只会导致牺牲公众利益以满足特定阶层的利益。如果这样做了，除了劳动力被错误地引导外，从事这种特定制造业的人将会获得事实上的垄断地位，而每一种垄断都不可避免地会带来商品价格的提高，令社会的其余部分付出代价。更为可取的做法是，让那些人去耕种土地，那样，我们就能用他们生产的农产品，去与外国人交换品质更完美的制造业产品。"

依据这些事实和原理所建构的推理，含有相当多的托词。如果更加普遍地将这种观点应用于各国管理，我们有理由推断，比起现在践行的与之完全相反的信条，会更快地将国家引向富强。不管怎么说，大部分一般性理论，都承认有大量的例外情形，并且几乎没有任何政治性质的理论不混杂一定的错误。

为了准确地判断上述论述在多大程度上是一种对制造业的归罪之辞，有必要审慎地考虑支持发展制造业的辩护理由，发展制造业的特殊和积极可取之处，以及在特定情况下，制造业面临的合理的限制。

我们应当乐于承认，鉴于耕种土地是最基本、最具把握的国家资源供给方式，是人类生存最直接和最初的来源，是其他类型劳动所需的物质材料的主要来源，包含着最有利于实现人的自由和独立的状况，并且或许也最有利于促进人类的繁衍，农业本身相较于其他任何种类的产业都更优越。

但是，无论在哪个国家（country），将农业视为唯一偏爱对象，都需要谨慎为之。说农业比其他任何产业分支都更具生产力，需要更多证据，上面引用的观点缺乏论据支撑。不夸张地说，农业的实际利益、宝贵性和重要性，将因为鼓励制造业的发展获得真正的提升，而非受到损害，这一点可得到令人满意的证明。同时，在总体上，鼓励制造业发展的合理性，也应通过介绍最具信服力和说服力的国家政策动机来展示。

上文所引观点认为，农业不仅是最具生产性的，还是所有产业种类里唯一具有生产力的。然而，以上任一方面，都没有足够的事实证据支持，也未经过计算验证；而且用于证明该观点的一般性论据，常常是狡黠和自相矛盾的，而非坚实或令人信服的。

那些认为只有农业具有生产性的观点大意如此：

从事耕作土地的劳动力的生产，不仅足以支付在此过程中的一切必要开销，维持从事农业劳作者的生计，而且在扣除农民的常规利润之后，还有一部分净剩余，即地租，归土地业主和地主所有。但是，制造业的劳动力只不过是抵偿了雇佣他们（或是生产过程中投入的原材料、工具与工资）的资本投入，以及让资本获得一般收益，除此之外并无它用。制造业劳动无法产出与租地相当的价值，它没有增加国家土地与劳动的全年产出的总价值。从耕作土地原始产品到加工制成品过程中的附加值，会因为其他部分的制造品消费而被抵消掉。因此，工匠阶级只能通过储蓄或过度节俭，而非积极生产，来增加社会的收入。

针对这种观点，我们可作出如下回复：

（1）"正如上述观点所提到的，制造业的劳工产出的价值与其所花掉或消费的价值相等，且持续存在于原始投入或资本中，单凭这一点，就不应将制造业视为非生产性的。就算像他们宣称的那样，工匠或制造业阶级对农产品的消费恰好等于他们加工原材料创造的附加值，也不能因此而说制造业没有带来社会收入的增加，或者说制造业没有给一国土地与劳动的全年产出的总价值增添任何价值。如果在一个给定时期里（制造业劳工）的消费量到达一个给定金额，且同期制造业生产了等额的价值，那么，在该阶段内，制造业消费和生产总额等于这两个金额之和，是消费农产品生产价值的双倍。即使工匠阶级新增的价值不会超过他们所消费的土地产出的价值，在任何时刻，由于他们的劳动，市场上商品的价值都比只存在农业的情况下要大。"

（2）"要说工匠只有通过过度节俭才能增加社会的收入，那么这一点同样适用于农夫或耕者。可以肯定的是，这些阶级依靠劳动获得维持生计的所有钱财，在通常情况下会因扣除消费而所剩无多。如此说来，社会财富或资本的增加只能通过储蓄或更极端的节俭来实现（除非具有一些非凡的技术或技能）。"

（3）"一国土地与劳动的全年产出只能通过两种方式增加：一是提高实际有用劳动力的生产力，二是增加此类劳动力的数量。对于第一种方式，工匠的工作比农业劳动在操作上更能细分化与简单化，因此，工匠通过技艺的改进和精妙机械的应用，更容易在较大程度上带来生产力的提升。而不管在哪一种情况下，从事土地耕种的劳动都不能说比制造业的劳动更具优势。至于增加有用劳动力的数量，在排除偶然情况后，从根本上说取决于资本数量的增加，而资本数量的增加又取决于对社会收益的储蓄，无论何时这种收入都是由农业或制造业或其他途径的营生所提供和管理的。"

然而，在我们驳斥只有农业劳动才具备生产性之际，也要毫不犹豫地承认，农业在生产性方面是具有优势的。这一让步涉及与公共管理准则相关的重要问题，其所依恃的理由值得我们进行清晰而深入的考察。

支持该观点的另一个论据可以说既古怪又肤浅，即在农业生产中，自然与人合作，而这种联合劳动的效益必然远大于人类单独的劳动。

然而，这远非一种必然的结论。可以想象到的是，人类在工作中独自劳动时，需要投入大量的技能和技艺去完善工作，这与劳动对象更单一、操作也更简单的人类与自然的联合劳动相比，价值也更大。试想在应用机械的过程中，自然的力量在多大程度上辅助了制造业的发展？这一思考有助于卸下对制造业的控诉以及上文所提建议的合理性外衣。

我们也可以反向论证，农业劳动在很大程度上是周期性和偶然性的，取决于时节，可能会有各种长时间的农歇；而制造业领域的工作是持续的、有规律的、贯穿全年的，在一些时候晚上也可如白天一样工作。此外，土地耕作中偷懒懈怠的例子很有可能比工匠群体中的要多。农民由于土地肥沃或其他一些有利条件，即便粗心大意地耕作也能满足生计，工匠（artisan）要实现相同目标就得付出和同行相当程度的努力。制造业比农业更能让劳动力的多方位技能得到发挥，由此可以合理推测而非牵强附会的是，制造业工作比农业劳作更持续、更均衡、更富有创造力，因此产出也会更高。

但此处并非要强调这种性质的观察，它们仅应用于抵消与之性质类似的观点。由于情况是如此模糊和笼统，又非常抽象，从这种性质的观察中难以获得有意义的指导。

为支持农业生产率更高而提出的另一个论据——似乎也是

主要论据——声称：参与制造业劳动所产生的收益，比不上土地租金或是净剩余值（即土地所有者所获得的净剩余价值）。

虽然该论据宣称这种区别如此重要，但区别似乎更多表现于形式上，而非实质性的。

可以清楚地看到，在农业生产中，第一种情况下经济剩余被划分为农业劳动的一般性收入和土地租金，而它在第二种情况下统称为包租人资本的普通利润；这种形式上或者名义上的区分构成了两种情况的唯一差别。[①]（译者按：这种划分）似乎忽视了土地本身就是一种由其所有者提供给占有者或租户使用的资本。土地所有者租出或借出土地，从土地资本中获得一般利润；土地实际承租者投入第二种土地资本来经营和改良土地，同时获得惯常利润。所以，地主获得的租金和农民的收益，只不过属于两类不同群体的两种资本所产生的一般利润，两者通过拥有或耕作土地而联结起来。与此类似，在其他情况下，任

[①]　内容来自《国富论》第一篇第六章《论商品价格的组成部分》："劳动者对原材料增加的价值，在这种情况下，就分为两个部分，其中第一个部分支付劳动者的工资，另一部分支付雇主的利润，来报酬他垫付原材料和工资的那全部资本。"（《国富论》，第42页。）又："工资、利润和地租是一切收入和一切可交换价值的三个根本源泉。一切其他收入归根到底都是来自这三种收入中的其中一个。"（《国富论》，第46页。）又："这三种不同的收入，当它们属于各别的个人时，容易区分；但在属于同一个人时，往往容易相混淆，至少按通常说法是如此。耕作自己一部分土地的乡绅，在支付耕作费用以后，当然要以地主资格获得地租，并以农业家资格获得利润。可是，他往往把这全部收益笼统地叫作利润，这样就把地租和利润混淆了，至少按通常说是如此。我国在北美和西印度的种植园主，大部分是在自己的土地上经营农业，因此，我们常听他们说到种植园的利润，很少听到人们说到种植园的地租。"（《国富论》，第47页）

何制造业在支付生产经营成本后的剩余盈利，对应着从事该制造业活动中一个或多个资本产生的一般利润。所谓"一个或者多个资本"（one or more capitals），是因为在农业领域出现的情况，很有可能也在工业领域发生。例如，一个人提供一部分资金或是借给他人一部分资金来运营工厂，另一个人则利用自己的资金办厂。在扣除成本开支所剩的盈余中，偿还放款人的利息以补偿他提供的资本，就与地主所收取的租金完全相符；支付利息后的盈余构成企业或制造商的利润，相当于农场主的一般性收入。两者合起来构成了制造业生产中两类资本产生的一般利润，就如地主的租金和农民的收益共同构成了农业生产所使用的两类资本产生的一般利润一样。

因此，地主靠土地所得的地租，如前面的论证所示，并不是唯一生产力的评判标准，甚至不能作为农业生产力比制造业优越的一个指标。问题是，用于购买和改善一块土地的资本扣除开支后的盈余，是大于还是小于同等资本用于经营制造业产生的净收益？或者，农业使用的一定资本和一定数量的劳动力所产生的全部价值，是大于还是小于制造业使用的同等资本和同等数量的劳动力所产生的全部价值？抑或说，按照资本数量和劳动力数量的复合比率，是农业生产的产品最多，还是制造业生产的产品最多？

要解决以上任何一个问题都非易事，这涉及众多复杂的细

节，对所比较的对象要有准确了解。目前尚不知晓是否有建立
在充足数据、准确探查和分析基础上的比较研究。要想在本次
会议上进行令人满意的精确比较，就需要提前准备更多的询问
和调查，而迄今为止，我们既没有时间，也没有机会完成这些
工作。

　　然而，为获取必要信息，我们已经做了一些尝试，① 但这些
内容更多是引起对现有研究假设的怀疑，不能实现调查确认的
效果。应该承认的是，信息的多样性太少，也太不完善，无论
从哪方面看，都无法得出明确结论，只能提供可能的推测。这
些信息让人们有理由相信，在一些制造业部门中，一定的资本
所产生的总产值和净产值，都会大大超过为购买和改良土地而

————————

　　① 此处将 "essays" 翻译成 "尝试"，是考虑到从 1790 年到汉密尔顿提交制造
业报告期间，他多次致信相关人士咨询，以获得有关美国制造业和农业的信息。通
信对象有美国第一任战争部部长、独立后第二任麻省副总督本杰明·林肯、商人塞
缪尔·皮特森、联邦党人理查德·皮特斯等。参见：Hamilton to Benjamin Lincoln,
January 25, 1790; circular letter of May 11, 1790, signed by Tench Coxe, quoted in
Hamilton to Lincoln, January 25, 1790, note 4; "Treasury Department Circular to
the Supervisors of the Revenue," June 22, 1791; and "Treasury Department
Circular," August 13, 1791; 回复汉密尔顿问询制造业相关信息的信件，参见：
Samuel Paterson to Hamilton, February 10, 1791; Nathaniel Hazard to Hamilton,
March 9, 1791; Samuel Breck to Hamilton, September 3, 1791; Daniel Stevens to
Hamilton, September 3, 1791; George Cabot to Hamilton, September 6, 1791;
Aaron Dunham to Hamilton, September 9, 1791; Edward Carrington to Hamilton,
October 4, 8, 1791; John Chester to Hamilton, October 11, 1791; Nathaniel
Gorham to Hamilton, October 13, 1791; and John Dexter to Hamilton, October,
1791; 回复汉密尔顿问询农业情况的信件参见：Richard Peters to Hamilton, August
27, 1791; Henry Wynkoop to Hamilton, August 29, 1791; Timothy Pickering to
Hamilton, October 13, 1791; John Neville to Hamilton, October 27, 1791; and John
Beale Bordley to Hamilton, November 11, 1791。

投入的同等资本；而且，根据资本和劳动力的复合比率，在制造业的一些部门中，总产值和净产值都会超过农业产业的总产值和净产值。但是后一点值得我们质疑。一般来说，要推断从事制造业的资本的净产值高于从事农业的资本的净产值，难度要小得多。

在说明这些结果时，只考虑了购买和改良以前耕种的土地。如果对比新土地和荒地的垦殖情况，结果则更有利于农业；但是，从如此短暂的情况中得出的论点，对于确定两种产业的永久相对生产率（permanent relative productiveness）这类一般性问题来说，是没有分量的。至于美国的政策在多大程度上应该受到特定情况的影响，我们将另行讨论。

上述建议并非旨在灌输制造业比农业更具生产力的观点。相反，它们仅是表明这个假设的另一面有待查明确认；为论证这一点提出的一般性论据无法让人满意。所以，持农业具有更优越生产力的观点者，不妨听取鼓励发展制造业的一些重要动机（substantial inducement），不能因为担忧这会诱导劳动力从高利润工作转向低利润工作，而对制造业存在的合理性视而不见。

在通过事实与计算，对这一问题进行全面而准确的分析之后，我们很有可能发现一种行业和另一种行业（译者按：农业和制造业）之间的总生产率并没有实质性的差别。在任何情况下，对其中任何一种产业的鼓励是否适当，应考虑与此类性质比较无关的因素。

二、^①但是，在不争论制造业生产力更高的同时，通过从其他角度思考这个问题，可能有助于更好地判断应该采取什么样的政策来鼓励制造业。这不仅有助于证实制造业本身被描述为非生产性的观点并不恰当；还可以证明建立和传播制造业，比其他行业更能使社会中有用且高产出的劳动力总量增加。在进行这个讨论时，可能需要简要回顾并重新审视已经涉及的一些话题。

因为制造业消费了与其加工原材料相同价值的土地产品，而断言制造业劳动不具生产力（unproductive），这种观点缺乏支撑，就好比说农民提供给制造商材料的劳动是不具生产力的，因为他消耗了等值的制成品一样。每个人都向对方提供自己劳动产出的一部分产品，并且每个人都消减了对方所提供产品中相应的部分。与此同时，是两类公民（two citizens）而非一类要生活，这个国家有两种成员而非一种，他们共同消耗的农业产品价值是原来的两倍。

---

① 这里汉密尔顿使用了罗马数字"Ⅱ"，但是报告的前部分内容未见与之对应的罗马数字"Ⅰ"。类似这样的数字标注混乱问题在报告中多次出现。出于尊重原文的考虑，将其保留，并以注释的形式进行说明。

如果没有农夫和工匠，而只有一个农夫，那么他就必须把一部分劳动力用于制造衣服和其他物品，而如果有工匠的话，他就可以从工匠那里买到衣服和其他物品。显然，他能投入用于耕作的劳动力减少，相应地他劳作获得的产出也会相应地减少。这种情况下，包括食品、原材料和制造品在内的整体生产量，肯定不会超过既有农民又有工匠对食品和原材料所生产价值的总额。

同样，如果既有工匠又有农民，农民就可以自由地专注于耕种自己的土地。这当然会生产出更多的粮食和原材料，至少也跟前文所描述的相反假设下存在的全部食品、原材料和制造业品在内的整体生产量相等。同时，工匠还将继续生产制成品，这些商品数量不仅足以支付农民所提供的食物和原材料，也为自己提供一定数量的类似可用的商品。因此，在这种情况下，产出的数量和价值是两份，而非一份。收入和消费在某种情况下两倍于另一种情况（译者按：指仅有农民或仅有工匠）。①

---

① 在以上两个段落中，汉密尔顿对亚当·斯密《国富论》中的重农主义观点进行了展示："有了商人、工匠和制造业工人的劳动，地主与耕作者才能以少得多的自己劳动的产物，购得他们所需的外国货物及本国制造品。要是他们企图笨拙地、不灵巧地亲自输入或者亲自制造这些东西，就要花大得多的劳动量。借着不生产阶级的帮助，耕作者所能生产的产品便多了。这种更多的产品，能够充分补偿他们自己和地主雇佣并维持这一不生产阶级所费的全部费用。商人、工匠和制造业工人的劳动，就其本身性质说，虽然是完全不生产的，但间接有助于土地生产物的增长。"详见：《国富论》第四篇第九章《论重农主义即政治经济学中把土地生产物看作各国收入及财富唯一来源或主要来源的学说》，第 639 页。

若上述两个假设中都只有两个农民而没有工匠，则每个人都既要耕作土地，还要从事制造业。在这种情况下，两个农民分别在土地上投入的劳动力的产出，也只不过与一个农民将全部时间投入土地生产产出相同数量的粮食和原材料；同样地，两个农民在制造业方面投入的劳动力也只能与一个工匠将全部时间用于制造业生产相同数量的制造品。因此，两个农民劳动所得的产出不会超过农民和工匠劳动所得的产出；可以得出的结论是，工匠的劳动与农民的劳动一样富有成效，并且同样有效地增加了社会的收入。

工匠的劳动，替代了农民提供原材料与工匠交换制成品的部分劳动，否则农民将被迫从事制造业；而工匠让农民的农业产量增长的同时，他不仅能支付自己消费农产品的部分，也为他自己提供了所需的制成品。

他还做了更多的事情——除了为他所消耗的那部分农业劳动力提供等价物，以及为他自己的消费提供制成品之外，他还提供盈余来支付由本人或者他人做生意（carrying on the business）所使用的资本。这是制造业中资本获得的一般收益，并且从各个方面来看都像土地租金一样有效地提升了社会收入。

因此，可以把工匠的劳动视为由三个部分组成：第一部分是从农民那里购买的生活必需品和生产原材料，第二部分是他自己生产的必需品，第三部分产生了资本的利润。后两部分似乎在这一体系（译者按：指重农主义学说）中被忽略了，它把制造业说成是贫瘠和非生产性的。

在前面的说明过程中，等量农民和工匠劳动所生产的产品被视为彼此相等的。但这并不意味着要断言他们具备精确的同等性。这只是为了简单明了而采用的一种表达方式。农民劳动所生产的产品价值比工匠产出的价值是稍微高一些还是少一些，这并不影响讨论的主旨，讨论这些意在服务于说明一个问题：无论农业还是制造业都能实实在在地增加社会总产出和收入。

现在应该进一步列举几个主要情况，以推断制造业不仅带来社会总产量和收入的积极增长，而且比没有制造业的情况，能更大地发挥重要作用。这些情况是：

1. 促进劳动力分工。

2. 拓展机器（Machinery）的使用。

3. 为通常不从事该行业的社会阶层提供额外的就业机会。

4. 促进从外国移民。

5. 为人才和性格的多样性提供更大的空间。

6. 为企业（enterprise）提供更广阔、更多样的发展空间。

7. 在某些情况下，为剩余农产品提供确定和稳定的需求。

以上任一情况均会对社会总劳动力产值产生巨大影响。这些加在一起，所产生的能量和效果是难以想象的。按照陈述的顺序，对其中每一种情况做一些评论，可能有助于解释它们的重要性。

1. 关于促进劳动力分工。

就如有人正确地观察到，在一国的经济中，没有什么比恰当的劳动力分工更重要的事情了。职业的分离，让每一类职业比混合在一起的时候要完美得多。职业的分离源自以下三种情况。

第一，持续和全神贯注地完成一项目标自然带来了技术的增进和灵活熟练。很显然，这些资产会随着对任务的分解简化以及对每个任务的专注而成比例增长，也必然会因任务的复杂和注意力的分散而成比例递减。

第二，时间的经济性（economy of time），避免因频繁地更换不同性质的劳动而导致其损失。这取决于各种情况——转换本身，放弃操作中使用的装备、机器和材料的有序处置，开始新操作的准备步骤，打断了工人从事一项工作投入的思绪，而从一个工作转移到一段新工作后存在分神、犹豫和勉强。

第三，扩大机器使用范围。如果一个人只专注于一个目标，那么他的能力会更好地驾驭这件事物，也会自然而然地推动他运用想象力，设计出各种方法来方便和减轻（abridge）劳动强度，而不是被各种独立和不同的操作所困扰。除此之外，在许多情况下，机器制造本身已成为一门独特的行业，从事机器制造的技术专家在改进其特殊技艺方面可以发挥上述优势；在以上两方面，机器的发明和应用都得到了扩展。[①]

综上所述，单单将农业劳动力与制造业劳动力分离，就能带来劳动生产力的增长，随之带来一个国家总生产力或收入的增加。因此，从这个单一的角度来看，工匠或制造业对促进生产性行业发展的作用是显而易见的。

2. 关于拓展机器的使用范围，尽管在一定程度上是可以预想到的，但我们仍需要额外补充一两个角度来解释。

机器运用本身对整个国家工业产量举足轻重。它是一种人造力量，用来辅助人的自然力量，并且对所有劳动目标而言，相当于增加了劳动力；同时也不需要支付维持劳动者生活所需的费用。因此，是否就能合理地推断出，那些充分利用这些辅助工具的职业能贡献最多的产业生产资本，继而更有益于增加产业的总生产值呢？

我们理所当然地认为（并且通过观察来验证这一观点的真实性）：制造业比农业更适合大范围应用机器生产。如果一个国家的生产整齐划一，即非自行制造，那么所需的必要材料需要从其他国家进口。把本应在国内生产的产品用外国产品替代，这种行为就等同于把机械化生产所带来的好处转移到了外国，

---

① 以上观点源自亚当·斯密：《国富论》第一篇第一章《论分工》，第6—8页。

而机器生产模式是最有效以及能最大限度发挥劳动能力的。

在过去二十年里英国发明的棉纺厂（Cotton Mill），就是证明刚才提出的一般观点的一个显著例证。在棉纺厂，纺纱的所有不同工序都可以通过机器来完成，机器由水力驱动（put in motion by water），主要由妇女和儿童来控制操作，相比传统纺纱方式所需人力数量大幅减少。而且这种厂房的一个便利的优势是，无论是白天还是晚上都能进行生产。此类机器所带来的巨大影响清晰可见。正因这项发明，英国在棉制品制造领域取得了迅猛的进展。

3. 为通常不从事该行业的社会阶层提供额外的就业机会。

这并不是制造业增加产业和生产总价值的一项没有价值的手段。在那些制造业发展的地方，除为固定从业者提供就业外，还为愿意勤劳工作的个人和家庭在闲暇时间提供额外的就业机会，这些人愿意利用平常工作的间歇性闲暇时间从事一些附带的劳动，由此来增加他们的财产或获得他们可享受的资源。在附近工厂的工作邀请和激励下，丈夫本人也享受到妻子和女儿在制造业劳动中获得的新利润和收入来源。

制造业除了给不同职业阶层提供临时的就业机会外，还有一种与提供临时就业机会性质及倾向相似的优势。这就是雇佣那些原本无所事事的人（在许多情况下成了社区负担），他们可能因为脾气暴躁、不良嗜好、身体虚弱或其他原因无法从事农业劳动。特别值得注意的是，通常情况下，妇女和儿童在制造业中的作用会比在其他行业中更大，儿童的作用也能更早得以发挥利用。据估计，在英国棉纺织制造业工作的工人，有将近4/7 是妇女和孩子；其中儿童占比最大，并且很多是幼龄儿童。

由此看来，制造业凸显出来的一个特征，及其带来的重要后果之一，就是在制造业发达的地方，即使参与劳动的人数不变，也会比在没有制造业的地方产出更高的劳动量。

4. 促进从外国移民。

除非有非常明显和近在眼前的好处，人们不会勉强放弃一种职业和谋生方式，转而从事另一种。许多人，如果有机会继续从事与他们所受教育相符的职业并从中获得更多好处，他们就会从一个国家移居到另一个国家，但他们往往不会因为希望在其他方面做得更好而做出改变。制造商如果听到他们的布料、劳动力有更好的价格，供应品和原材料价格更便宜，可以摆脱在旧大陆要承担的大部分税收负担和束缚，以及在一个更平等的政府的管理之下发挥更大的自主性和影响力，有比单纯的宗教包容更珍贵的完全平等的宗教特权——在这些强有力的动员之下，一旦他们感知到可能会获得更多好处，又得到鼓励和就业的保证，他们很有可能会从欧洲涌向美国，去追求他们的贸易或职业，同时也会很难再让他们去耕作土地。

因此，如果美国为外来移民打开所有通道是符合自身利益的，那么这为发展制造业提供了一个重要论据；正如刚刚所陈述的原因，制造业最有可能增加对外来移民的吸引力。

移民是一种重要的资源，不仅可以扩大人口规模，以及对国家有用和有生产力的劳动力，而且能推动制造业发展，但是并不会减少农业劳动力人口，甚至还可以弥补农业因部分劳动力转移到其他产业蒙受的损失。很多人在制造业发展前景的诱惑下移民海外，但是随后也会因美国的特殊国情去追求农业。虽然农业在其他方面也会从制造业的发展中获得许多明显的好处，但就能否增加农业就业人数而言，还是一个未知问题。

5. 为人才和性格的多样性提供更大的空间，考虑人与之间的差异化。

这是国家扩大对制造业资助的一个强有力的方式，作用比表面上看起来的要大。有一个公正的观察是，如果对于一项目标一直志趣不同，即便最强壮最活跃的劳动力也会沦为平庸，劳而无功。由此可以推断，人类劳动成果可能会因目标的多样化而得到极大提升。如果一个社会里有各种不同类型的产业，每个人都找到对自己合适的部分，充分发挥他的天赋潜能。每个人以最有效的方式为社会服务，社会也可以从为成员提供的服务中受益。

要是经常遇到这样的迹象，换句话说，如果这个国家的人们对改良机械有特殊的才能，那么这就构成了这个国家发展制造业，为人民在制造业领域施展才华的一个强有力的理由。

6. 为企业提供更广阔、更多样的发展空间。

这也是在国家努力的总体情况下产生的影响，也许比表面上所想象的要大，而且其效果与上文所提到的情况并无二致。通过增加企业的目标来培养和激发人类思维活力，是增加国家财富的重要手段之一。尽管事情本身并不是积极有利的，但有时情况会因激发了人的努力而变得积极有利。每一个新场景都会让人类释放和开启忙碌的天性，都会为人类整体努力增加新的动力。

创业精神（the spirit of enterprise）是有用的和多产的，必须依据职业和产品的简单性或复杂程度进行相应的收缩或扩张。企业的数量在一个只有农民的国家，一定比既有农民又有商人的国家少；企业数量在只有农民和商人的国家，也会比有农民、工匠和商人的国家少。

7. 在某些情况下，为剩余农产品提供确定和稳定的需求。

这是所列情景中最重要的一种。这是发展制造业为国家扩大生产或税收做贡献的一个主要手段，与农业繁荣有直接密切的关联。

显而易见，农民的作用（exertions）是稳定的还是波动的，有力的还是无力的，与他必须依赖的市场的稳定或波动、充足或者不足正向相关，而他的劳动产生的盈余也依赖市场销售，在正常情况下，这种盈余会同比例地增加或减少。

为了销售这些剩余物，在国内市场上寻找买家要远胜于在国外市场；因为就性质而言，国内市场更加可靠。

国家政策的首要目标是能够从本国获得生活必需品；而制造业国家则在条件允许的情况下，尽量去生产能满足本国纺织业所需的原材料。在垄断（monopoly）思想的推动下，这种倾向会走向不理智的极端。人们似乎总是忘记，那些既没有矿山也没有制造业的国家，只能通过交换自己土地的产品来获得他们所需要的制成品。如果最擅长工业制成品的国家不愿意进行此类交换，那么有此需求的国家必然要竭尽全力自行生产，其影响是那些制造业国家浪费了他们的天然优势，这是不愿意让农业国家享受他们的工业制成品造成的，枉费心机地实施只卖不买，牺牲了互利交往的利益。

但是上述政策的一个结果是，国外对农业国的产品的需求在很大程度上是偶然的与不连续的，而非确定的或持续的。对于美国主要作物需求的中断会产生多大程度的破坏，必须由美国农业贸易从业者来判断；但可以肯定的是，这种中断有时会给人们带来极大的不便，而且在市场封闭和受限的情况下，以上案例经常出现，导致需求与供给并不匹配。

除了上述政策问题造成的人为障碍外，自然因素也导致农业国家的剩余产品对外部的依赖是不可靠的。在不同季节、不同年份，消费者所在国家的农业产量是有巨大差异的；他们对外国产品的需求程度也随之受到影响。如果赶上大丰收，特别是当同时期其他国家也是如此时，供应国的市场就会出现过剩。

考虑到美国新定居点（译者按：这里涉及西进运动）必然加快和加剧农产品的剩余，并且认真权衡在大多数欧洲商业国家中盛行的制度趋势，则无论多么依赖自然环境去抵消人为政策的影响，都有充分理由认为依赖外国解决剩余产品的需求是不可靠的，只能希望用广阔的国内市场来代替外部市场。

为了打造这样的市场，发展制造业是不二之法。制造商作为除农民之外最大的群体，是消费剩余农产品最主要的群体。

为剩余农产品提供一个强大的国内市场的想法具有首要意义。它是最能有效促使一国农业繁荣的事情。如果制造业可以将一部分劳动力从耕种土地中解放出来，就可能使投入于农业生产的劳动力的产出减少，但由于他们可能成为农业剩余产品的一个稳定需求力量，与此同时，也会使耕种的土地得到改良和提高产量。虽然在制造商的影响下，每个农民的状况都会得到改善，农业生产总量增加，但这更多取决于土地改良的程度，而不是耕作的亩数。

特别值得注意的是，制造业的增长不仅为该国产量一贯丰沛的产品开拓了市场，同时也创造了对那些不知名的或是数量特别少的商品的需求。人们会在地表和地里翻找那些曾被忽视的物品。动物、植物和矿物获得了前所未有的开发利用和珍视。

上述考虑似乎足以建立一般命题（general propositions），国内勤劳个体的多样性发展是国家利益所在——建立制造业不仅可以增加有用和有生产力的劳动力总量，甚至可以专门改善农业的状况；当然也可以增加农业劳动者的利益。接下来，我们还将就这一问题发表其他观点，相信这些观点将有助于证实上述推论。

三、在进一步讨论前文所列反对发展制造业的意见之前，我们不妨先来看看，基于美国特殊的国情，有什么说法可以用来反驳上述观点所得的结论。

可以观察到，一个国家如果拥有大片未开发的沃土，同时由于与国外的商业隔绝，那么无论如何，将部分劳动力从耕作转向制造业都是符合国家和农业利益的，这个观点的重要性不言而喻。但这并不适用于，一个同样有大片未开发的沃土，但还有充分的优惠条件可以从外国进口本国居民所需商品的国家。这么做的一个效果是，起码能最大化发挥劳动力分工带来的巨大优势；让农民可以自由地专注于耕作土地，并且他也能获得他所需要的或是可供享受的工业制成品。虽然在定居国家中，产业多样化可能会促进劳动生产力的增加，提高收入和资本；对于一个未开垦和无人居住的区域而言，很难想象还有什么比将荒芜之地变为耕地和住所更有实质优势和长期优势的了。如果在此期间，收入较少，那么最终获得的资本必将会更多。

对于这些意见，下文似乎是一个令人满意的答案——

1. 如果工商业完全自由发展的制度（system）在各国是主流，那么劝与美国一样处于窘境的国家不要热衷追求制造业的观点，显然是很有说服力的。我们不能断言，除少数例外情况，这些论点不能作为国家行为的准则。在这种情况下，每个国家都将充分受益于其特有的优势，以弥补其不足或劣势。如果一个国家比另一个国家有更好的条件提供制成品，那么另一个国家就可以从提供农产品的卓越能力中获得丰厚的补偿。这样，两国之间就可以在互惠互利的基础上，以最好的条件自由交换各自能够提供的商品，充分支持各自产业的蓬勃发展。尽管，前文已经提到的以及下文将要阐述的其他情况，使我们有理由认为，纯粹依赖农业的国家相比农业和制造业相结合的国家，无法获得与其数量相称的同等程度的富裕。因此，农业国的土地改良最终可能补偿了在此期间较低的富裕程度；但在支持和反对的考量势均力敌的情况下，应该一直支持产业自行发展。

但是，工商业完全自由发展的制度，远未成为国家政策的普遍特征。所盛行的是与之相反的精神（spirit）。

其结果是，美国在某种程度上处于被外国贸易排斥在外的境地。美国人确实可以毫不费力地从国外获得他们所需要的制成品，但是在销售本国商品时却遭遇了很多且不公平的障碍。这种情况也并非限于一个国家。与我国交往最广泛的几个国家，都对进口美国的主要作物设置了严重的障碍。

在这种情况下，美国人无法以平等的条件与欧洲进行交换；缺乏互惠将使他们成为制度的牺牲品，这项制度把美国的视野束缚在农业领域，而不发展制造业。美国对欧洲商品的需求持续增加，而欧洲对美国商品的需求却只是部分的和偶尔的，到头来，只会让美国深陷贫困境地，无法同美国自身政治和自然优势所能够实现的富裕程度相称。

这类评论并非出于抱怨。"对于那些被规则间接影响到的国家，应由他们自行判断，是否脱离实际地制定了太高的目标，是不是得不偿失。""美国需要考虑的是通过何种方式减少他们对正确或错误组合的外交政策的依赖。"

让我们感到欣慰的是，虽然这些措施使我国贸易受到了阻碍，但已经加速了美国内部的改进，总体上改善了我们的内部事务。这些改良措施的多样化和推广，是弥补此类措施或类似措施可能带来的任何不便的最可靠、最安全的方法。如果欧洲不愿意按照符合我们利益的条款购买美国农产品的话，一个本能的应对办法就是减少我们对欧洲产品的需求。

2. 将荒地变成耕田，无疑是美国政治计划中的一个至要时刻。尽管鼓励制造业在一定程度上可能会延缓这一进程，但这似乎并不足以抵消鼓励发展制造业的强大吸引力。

在另一个地方提出的一个观点，从本质上讲对这个问题有很大的影响。如果认可一个国家的土地得到良好的耕种，会比面积更大但耕作方法较差的土地更能实现农业利益，且基于以上道理，有制造业比没有制造业更能促进对已有土地稳定且积极的耕作；那么可以推论，发展制造业尽管可能降低了拓殖定居点的建设速度，但是制造业能够为国家提供补偿，即便是减少了农业土地的耕种面积，也可以增加土地资本价值和土地收入。

但是，这绝不意味着发展制造业会阻碍新定居点的拓展。成为土地独立业主的愿望是源自人类内心深处的强烈信条，在美国，这种机会又是如此得天独厚，那些有机会成为土地业主的人，转而从事制造业的比例就会很小。而且，正如前文分析的那样，极有可能发生的情况是，那些最初被美国制造业前景所吸引来的移民，会放弃制造业转向农业，这些人的数量可能比我们本国从农业脱离出去的人数要多。

现在需要研究的是其他反对鼓励美国发展制造业的意见。

其中一个意见是，如果放任产业自由发展，它自然会得到最有用、最有利可图的利用：由此可以推断，没有政府的帮助，制造业也会按照事物发展的自然状态和社会利益的要求，以最快的速度发展起来。

我们可以提出非常有说服力的理由来质疑这一假设的合理性。这些理由跟习惯影响和模仿精神密切关联，如：面对未经试验的事业产生了无法成功的恐惧；初次尝试者与那些生意完满的对手竞争时所面临的固有困难；外国政府利用额外补贴和其他的政策性鼓励，在各竞争领域给予该国公民的扶植帮助。

经验告诉我们，人往往受其所见所闻和习惯的支配，以至于即便是在"最"普通的职业中，采用最简单、最明显的改进都伴随着犹豫、勉强和缓慢的渐进过程。当一个社会从长期从事的领域，自发转向新的迥然不同的业务时，可能会遇到更大的困难。当以前的产业无法产生出足以维持从业者生计的利润时，或者由于人手过剩而缺乏就业机会时，改变就会随之发生；但是这些变化很可能滞后于个人或社会利益的需求。在一些情况下改变可能不会发生，即便恪守古训只能勉强维持生计，而从事更有利可图的职业或许是可行的。因此，要尽早实现理想的变革，可能需要政府的鼓励和支持。

担心在新尝试中失败，也许是一个更严重的障碍。有些人容易被一项事业的新颖性所吸引，但这些人并不总是最有能力使这项事业获得成功的人。为此，重要的是要激发本国和外国谨慎睿智的资本家（capitalists）的信心。而要激发这类人的信心，就必须让他们在任何新项目中看到，如果没有其他不稳定的因素，仅仅出于这个理由，他们便可以从政府那儿获得一定程度的支持和扶持，这就能克服初次试验中不可避免的一些障碍。

在某一产业领域已经取得发展和完善的国家所享有的先发优势，比前面提到的任何一种情况，对打算引入此项产业且并无产业基础的国家，构成了更加难以逾越的障碍。在一个国家的新产业和另一个国家的成熟产业之间，要实现质量和价格上的平等竞争，在大多数情况下是不切实际的。一个国家内部的差异，或另一个国家的差异，或两个国家之间的差距，是如此之大，以至于若没有政府的特别援助和对这些新产业的保护，就无法成功竞争。

但是，一个国家成功地推行一个不为国民所知、此前不存在的新产业，就刚刚提到的例子而言，其中最大的障碍是一些产业成熟国家——也就是先发展我们所要效仿产业的那些国家——在各种情况下给予的赏金和其他援助。众所周知（本报告中将举出一些具体例子），一些国家对某些商品的出口给予优惠，以使该国工匠能够以低价打败和取代商品出口对象国的所有竞争对手。因此，新产品的生产者不仅要与发展新产业本身具有的固有劣势作斗争，还要与其他国家政府给予的补贴（gratuities）和津贴（remunerations）作斗争。显然，要想取得成功，美国政府的干预和援助是必不可少的。

当一个国家从事某一特定产业的人进行联合，通过暂时性地牺牲利益，来挫败另一个国家引入该产业的最初努力，并且得到国家的特别补偿，这种情况据信是存在的，而且不应被视为毫无可能。对于将要引进该产业的国家，获得政府援助或至少保证有援助存在，可能对那些冒险进入新行业领域的人来说至关重要。这可帮助鼓舞他们抵御对此类联合的恐惧，对已形成的联合可挫败其影响，还可以通过证明这种联合必将无果而终，从而防止其形成。

虽然可以期望一个民族的工业在私人利益的驱动下，在平等的条件下，为自己找到最有利的运用机会，但是不能指望它能与不公平的力量较量，或是指望它本身能克服所有人为设置的障碍获得竞争胜利，这些障碍可能来自对方因其长期的实践和市场的先占优势自然获得的，或对方从积极的规章制度和人为的政策所获得的优势地位。除了那些特别强调过的重要考虑因素之外，仅凭这种一般性的反思，就足以回答我们正在讨论的反对意见。

接下来要讨论的是反对在美国发展制造业的理由，即认为美国制造业不可能成功出于三个原因：劳动力稀缺、劳动力昂贵、资本匮乏。

前两种情况在一定程度上是真实存在的，并且，在一定范围内，应该承认它们是美国制造业成功的障碍。但是，有各种因素可以削弱它们的力量，并且易于确保它们不足以阻止众多非常有用的和分支广泛的制造业获得利益。

关于劳动力稀缺问题，该事实本身必须被限定为仅适用于美国某些地区。美国有大片区域可以被认为是人口稠密地区；尽管不断有人到远方定居，但美国仍然密布着繁荣而日益增长的城镇。如果说这些地区尚未达到使抱怨劳动力不足的声音消失的程度，那么它们也离这个标准并不遥远，而且正在朝这个标准迅速靠近：与联邦的其他一些地区相比，农业对这些地区的吸引力可能要小一些，这里对其他类型的产业却表现出了更强烈的倾向。在这些地区，可以看到相当成熟的制造业建立条件。

但是，还有些情况已经从另一个角度引起了注意，它们大大减少了各地劳动力稀缺的影响。这些情况包括：充分发挥妇女和儿童的作用；关于这一点已经提到了一个非常重要且有启发意义的事实，即最近机器的改进极大地扩大了其使用范围，通过以火力（fire）和水力代替人工劳动，极大减少了体力劳动的必要性；还有，在通常从事其他职业的人的农闲季节或闲暇时间雇佣他们，正如先前所述，这除了让同样数量的人产生更多劳动量并由此增加总体劳动资源之外，也可以被视为解决劳工短缺问题的一种手段；最后，是吸引外国移民。只要仔细观察一下我们城镇的构成，就会明白这种资源的可依赖性有多大。

观察表明，在不同的技术和行业中，有很大一部分技术巧妙而有价值的工人，他们离开欧洲，改善了自己的条件，增加了美国的工业和财富。从我们已有的经验中自然可以推断出，只要美国认真发展制造业，只要欧洲工匠意识到在这里他们有把握获得稳定的就业和鼓励，就会有足够数量的欧洲工匠移居美国，从而有效地确保这一计划的成功。考虑到美国提供了各种强大的诱因，为他们提供如此多的强烈的激情和情感，满足如此众多的普遍和特殊的利益，还能有其他结果吗？

因此，对于发展制造业的劳动力，可以说，我们在很大程度上依赖外国劳动力是可行的，而将美国本土的劳动力保留用于耕种土地和装备船只；这些都取决于个人品质和环境倾向（incline）。值得注意的是，因劳动力不足而不看好制造业的成功，这个问题同样适用于贸易和航海；然而，贸易和航海都在蓬勃发展，没有因此遇到任何明显的阻碍。

至于劳动力价格昂贵（另一个被指责的障碍），这主要与两种情况有关：一种是刚刚讨论过的情况，即劳动力稀缺；另一种是产业利润丰厚。

就人手不足所造成的后果而言，所有可减少人手不足的考虑因素都减轻了劳动力昂贵的后果。

同样可以肯定的是，欧洲一些制造业最发达的地区与美国大部分地区，在这方面的差距并不像人们通常想象的那么大。

双方的技工和制造商的差距，也远小于乡村劳动者的差距；虽然仔细比较一下就会发现，在这方面有很多夸大其词的地方，但同样显而易见的是，即便是那些确实存在的差距程度，其影响也会随着机器的使用而成正比地减小。

让我们来说明上一个观点——假设在两个国家中，制造某种物品所需的一定数量的手工劳动的价格差异为 10；而在这两个国家中引入某种机器动力，它可以完成一半的必要劳动，只留下一半的手工劳动。如此一来，很明显，在这两个国家中，由于引入了机器动力，制造有关物品的成本差异，就其与劳动力价格的关系而言，将从 10 降至 5。

这种情况值得特别关注。它极大地瓦解了反对美国制造业成功的一个最强烈的理由。

要在欧洲任何地方采购到所有这些已知的机器，只需要适当的供应和适当的努力。我们已经掌握了其中几种最重要的机器的知识。在大多数情况下，在美国装备这些机器基本是可行的。就运作这些机器所依赖的水源而言，由于美国不同地区有许多适合磨坊的地方，而且种类繁多、价格低廉，因此可以说美国还具有一定的优势。

在任何产业中，劳动力价格昂贵是产业利润丰厚的一个结果，但这并不妨碍制造业的成功。企业家（Undertaker）付得起这个价格。

我们有理由断定，美国的制造商目前有能力向他们雇佣的工人支付比欧洲同类工人更高的工资。外国织物在美国市场上的价格，将在很长一段时间内调节国内织物的价格，可将后者视为由以下要素构成的复合体——第一项是材料成本，包括可能在材料的生产地缴纳的税费；场地、厂房机器和工具的费用；工厂雇员的工资；所使用的资本或股票的利润；在生产地购买这些产品的代理佣金；运往美国的运输费用（包括保险费和其他附带费用）；出口时所支付的任何税费（和手续费）；进口时所支付的税费（和手续费）。①

至于其中的第一项，即材料成本，目前总体上是美国占优势，如果一定的、广泛的国内需求促使土地所有者将更多的精力投入这些材料的生产中，那么原材料价格对美国有利的差额一定还会扩大。对这一点进行比较时，我们不难发现，欧洲的一些主要制造业国家在原材料方面对外国供应的依赖程度远远高于美国，因为美国有能力为自己提供更丰富、更多样的原材料。

至于第二项，即场地、厂房机器和工具的费用，至少可以假定是相等的；因为某些方面的优势会抵消另一些方面暂时的劣势。

至于第三项，即工资因素，比较结果当然对美国不利，尽

---

① 此处汉密尔顿列举了数种因素，但只写了"第一项"而未写后续的序号，他在后文对几种因素进行了展开分析。

管如前所述其程度并不像人们通常认为的那么严重。

第四项既适用于外国制造，也适用于本国制造。事实上，与其说它是一项进行比较的具体内容，倒不如说它是一项结果。

但就所有其余因素而言，它们只适用于外国制造，而且是严格意义上的额外费用；它们构成了对外国织物的额外收费，其数额无法估计，但少于占制造厂成本的［15%至30%］。①

可以肯定地说，这笔额外费用一定大于美国对劳动力价格实际差异的补偿；而且还令人满意地证明，美国制造业可以无视劳动力价格的差异而繁荣发展。对于劳动力稀缺和劳动力价格昂贵的普遍指控，即只有在人口过剩或充沛的情况下才能发展出大规模的制造业，我们只需笼统地回答，事实并非如此——所谓劳动力条件是制造业成功的一个必要条件，并不适用于各类制造业已经达到成熟阶段的一些国家。

在通常反对制造业发展的意见中，最模棱两可的反对意见就是所谓的美国缺乏所需资本。

一个国家货币资本的实际规模很难说清楚，而货币资本与

---

① 在最终版本的报告中，汉密尔顿对一些有疑虑或是拿不准的内容，进行了留白处理，待稍后补充相应信息。在美国国会图书馆馆藏的汉密尔顿文件中，有一份汉密尔顿手写的清单，其中包含了一系列提醒他在报告中遗漏的事项或对报告中某些不确定的陈述。这份手写清单与报告留白和存疑之处相对应。这段话中的"15%至30%"为补充内容。

吸引资本投资对象之间的数量关系就更难说清楚了。同样难以确定的是，任何一定数量的货币，作为资本，或者换句话说，作为令国家工业和财产流通（circulating）的媒介，其作用在多大程度上会因为新的资本运用对象带来的各种活动和交易而增强。这种影响，就像落体的动力一样，可以用质量和速度的复合比例来展示，这并无不妥。似乎可以肯定的是，在几乎感觉不到商业活动的快速推动力的情况下，一定数额的货币似乎不足以像在充分感受到货币影响的情况下那样，去带动大量工业和财产的流通积累。

为什么同样的反对理由适用于制造业而不能同样适用于对外贸易，这一点并不清楚；因为显而易见的是，我们大片已开发的和未开发的广袤土地可供资本投资，能够吸纳比其实际投入更多的资本。可以肯定的是，美国提供了一个广阔的天地用于资本的有效运用；但这并不意味着，美国不会以这样或那样的方式找到足够的资金来成功地发展任何一种可能被证明真正有益的产业。

以下几点可以消除对缺乏资本的疑虑。

正如在另一个场合所表明的那样，推行银行可以有效活跃一国的资本。[①] 这些银行的效用在美国得到了验证，使得美国银

行的数量成倍增长。只要是有优势的地方，以及能够得到支持的地方，就有可能建立这些机构；如果审慎管理这些银行，就会为所有金钱业务增添新的活力。

对外国援助资本（aid of foreign Capital）可给予相当大的自由度，将其安全地算作美国可用资本。我们在对外贸易中长期借助于外国资本的帮助，在其他各种领域也开始感受到外国资本的帮助。不仅是我们的资金，我们的农业和其他内部改良也受到了外国资本的推动。在一些情况下，外国援助资本甚至已经延伸到了我们的制造业。

众所周知，欧洲有些地方的资本多于其国内有利可图的投资对象。这一点，除其他证据外，这些地方不断向外国提供大量贷款就是证明之一。同样可以肯定的是，外国资本在美国可能找到比在其国内更有利可图的利用领域。尽管有很多诱因促使人们宁愿在自己国内使用资本，即使利润较低，即使外国的收益更高也不愿在国外投资，但这些诱因被就业不足或巨大的实质利润差异所抵消。这两种原因都会导致外国资本向美国转移。可以肯定的是，美国的资本投资目标（objects）都具有其他地方难以企及的优势；而且，等外国投资者知晓我国政府将对他们热情款待，对美国的印象会越来越好，这种吸引力也会越来越大。如果我国的事务进步能进一步确认和强化这些好印象的话，这将为我国的繁荣提供丰富的宝库。为了确保这种优势，现在几乎没什么比在国内外促进产业（industry）发展、培养秩序和谋求安宁更必要的事儿了。

有些人可能会用嫉妒的眼光看待外国资本的引进，将其视为剥夺我们本国公民从本国产业获利的工具，这并非荒唐，但也许从来没有比这更无理的嫉妒了。与其将外国资本视为竞争对手，不如将其视为最有价值的辅助工具；比起不去利用外国资本，还是对它的利用有助于推动创造更多的生产劳动和建立更多的有用企业。至少有一点是显而易见的，那就是在美国这样一个资源无限、尚待开发的国家，外国资本的每一分钱，只要用于改善国内条件和建立永久性的勤劳企业，都是一笔宝贵的财富。

无论最初吸引外国资本的目标是什么，一旦引入，它们就会被引向所有预期能得到有益运用的地方。要想把外国资本留在美国，最有效的办法莫过于扩大其使用范围：就算外国资本仅仅打算进行资金投机，也可以紧接着使其服从于农业、商业和制造业的利益。

但是，吸引外国资本直接用于制造业，不应被视为一种不切实际的期望。正如另一处提到的，已经有这样的例子。而且，只要培养起这种意愿，这样的例子还会越来越多。还有另一类例子，外国资本有助于加强人们的期望。开凿运河、疏通河道和架设桥梁等改善公共交通的事业，同样从外国资本获得了大量援助。

当欧洲的制造业资本家注意到本报告提到的许多重要优势时，他一定会意识到将他本人及其资本转移到美国的强大吸引力。在思考美国最让人感兴趣的独特性时，他一定会注意到，美国人口不断增长和改善，保证了美国国内对他所生产的织物需求的不断增长，而不会受到任何外部需求变化起落的影响。

但是，尽管有足够的条件允许美国在相当程度上依赖外国资本的援助来实现目标，更如意的是，能充分保证靠国内资源本身就足以实现目标。碰巧的是，有一种资本在美国切实存在，这就消除了人们对缺乏资本的一切疑虑，这就是长期债务（funded Debt）[①]。

长期债务作为资本的一种，其影响在以前的场合已被注意到了；但由于这里特别强调长期债务，似乎需要对这一点进行更具体的阐释。因此，我们将尝试对此进行阐释。

公共资金（Public Funds）能满足投资人预估的资本目标；因此，公共资金很容易转化为货币。这种迅速兑换成货币的能力使得公债券（stock）的转让在很多情况下等同于货币（coin）支付的情况。如果接受公债券的一方不适合接受公债券转让，那么支付的一方不会亏本地在其他地方找到买主，用他所需要

---

① 在报告语境下，"funded debt"可以理解为国债，即政府为筹集资金而发行的债券或其他长期债务工具。

的货币购买他持有份额的公债券。因此，在公共资金健全和稳定的情况下，一个持有一定数额公共资金的人，可以信心十足地接受所提供的任何商业计划，就像他拥有同等数额的货币一样有底气。

公共资金作为资本的这种运作方式是显而易见的，不容否认；但有人反对公共资金起到增加（augmentation）社会资本作用的观点，认为公共资金的运作会导致其他资本遭到同等程度的破坏。

能被单独认为具有破坏性的资本必须包括——用于支付债务利息和逐步赎回本金的年收入；以及用于流通资金，或者换句话说，用于实现资金的各种不同转让的货币数额。

但以下似乎是对此真实和准确的看法。

第 1 条①，关于支付利息和赎回本金所需的年收入问题。

由于确定一个比例将有助于使推理更简明易懂，我们假定，美国 6% 的公债券变动，对应于年收入每 100 美分中的 8 美分，即首先将 6 美分用于利息，2 美分用于本金。

由此可见，被破坏的资本与被创造的资本的比例不会超过 8 比 100。这里将从其他资本总额中抽出 8 美元支付给公共债权人；而他将拥有 100 美元，可随时用于任何目的，投入他认为

---

① 此处汉密尔顿使用了 "1st." 的序号，但后文并无相应的序号。

合适的任何企业。在这里，资本的增加额，或者说生产出来的超过损失的部分，等于 92 美元。对于这个结论，可能有人会提出异议，因为每年都要提取 8 美元，直到 100 美元全部用完，因此可以推断，随着时间的推移，损耗的资本将与最初创造的资本相等。

尽管如此，从 100 美元的资本产生，到资本减少至不超过用于偿还债务的年收入的整个时间段内，存在的有收益的活跃资本（active capital）将大于未签订债务合同的情况下的资本。在任一年份里，从其他资本（other Capitals）中提取的金额都不会超过 8 美元；但在整个期间的每时每刻，都会有一笔与未赎回本金金额相当的金额，在某个人或其他人的手中，用于或准备用于某些有利可图的事业。因此，有能力使用的资本总是多于被提取的资本。第一年的多出额为 92 美元；它将逐年减少，但始终会有剩余资本量，直到债务本金与赎回年金持平，即在举例假定的情况下，达到 8 美元。如果像经常发生的那样，假定一个外国公民向美国输入 100 美元来购买等额的公债，那么这种货币增加的事实就变得很明显了。在这种情况下，流通货币的数量绝对会增加到 100 美元的总金额。在一年结束时，假定外国人从他的本金和利息中提取 8 美元，但他仍然有 92 美元的原始存款剩余在流通中，同样，他在第二年结束时再提取 8 美元的年金，留存 84 美元，就以这种方式继续；留在流通中的资本逐年减少，并逐渐接近提取的年金水平。不过，由外国人购买的那部分债务和留在公民手中的债务在最终的运作上还是有一些区别的。但在每种情况下，虽然程度不同，总的效果都是增加了国家有收益的活跃资本。

迄今为止，推理的基础是对该立场做出让步，即在用于支付利息和赎回债务本金的年金的范围内，存在着对某些其他资本的破坏，但在这一点上，我们的让步太多了。至多是一些其他资本的暂时转移，其数额与年金的数额相等，从支付年金的人转移到收取年金的债权人手中；债权人又将这些资本重新投入流通，继续发挥资本的职能。他要么立即把这笔钱用于某个行业，要么借给其他人，由其他人来使用这笔钱，要么把这笔钱用于自己的生活。在这些假设中，资本都没有遭到破坏，只是暂时停止了运动；也就是说，此时资本从支付者手中进入国库，然后通过公共债权人进入其他流通渠道。如果利息的支付是定期的、快速的，并且是借助银行来完成的，那么资本的转移或暂停几乎可以被称为只是短时性的。因此，账面上的扣除额远没有乍看起来那么多。

显然，就年金而言，除了每个人的收入中用于组成年金的部分外，没有任何资本的损失，也不存在其他资本的转移。为农民提供他应缴金额的土地保持不变，其他资本也是如此。事实上，只要（作为缴款对象的）税收不会因为过重而给个人或企业造成负担（在某些情况下确实会发生），它反而可能会促使人们在各行各业中更加努力工作；它甚至可能有助于增加缴款资本。在对该问题的总体考量中，这种想法并非无关紧要。

剩下的问题是，应该从流通中使用的货币账户中再扣除多少因债务而产生的资本。这比刚才讨论的情况更不容易精确计算。我们没办法说明，任何种类的财产通常要进行转让时所需比例的货币。数量确实因情况而异。但是，从转动的快慢，或者说从过渡的快慢来看，可以毫不犹豫地断言，流通媒介（货币）与流通的财产的数量相比总是只占很小的比例。由此可以推断出，在资金的谈判中使用的、使资金具有资本的活动性的资本，其数额远远小于为商业目的而谈判的债务总额。

然而，不容忽视的是，资金谈判本身也是一项独立的业务；这项业务需要使用流通货币，并通过使用流通货币将一部分流通货币从其他业务中转移出来。但是，如果适当考虑到这一情况，我们就没有理由下结论说，货币转移在整个过程中的作用，与它所产生的活跃资本额成正相关。流通中的债务总额始终在任何有用的企业的指挥之下，而使之流通的货币本身却从来只是暂时停止其正常功能。它经历着从产业渠道到资金投机渠道的不断快速流动和回流。

有很多情况可以证实这一理论。在英国，生息资本（monied capital）所表现出的力量，以及在生息资本的作用下各种工业所达到的高度，都是无法用英国所拥有的货币数量来解释的。因此，与英国的融资制度相伴而生的是，该国的商界人士和大多数最有智慧的理论家普遍认为，公共资金作为资本的运作促成了上述效果。迄今为止，我们自己也得出了同样的结论。产业似乎普遍恢复了活力。有迹象表明，我们的商业正在扩展。我们的航运业近来确实有了长足的发展，联邦的许多地方似乎都确立了对资本的支配权，而这种支配权直到最近，至少自革命以来，还是无人知晓的。但同时我们也必须承认，造成目前这种状况的原因在很大程度上还与其他因素有关，而且这些迹象还不足以成为绝对的依据。

在我们讨论的这个问题中，重要的是要区分资本的绝对增加或实际财富的增加，以及作为商业动力或工商业工具的资本的人为增加。从第一种意义上讲，融资债务并不能被视为资本的增加；而从最后一种意义上讲，它具有不易被反驳的权利。性质类似的还有银行信贷，较低程度上则有各种私人信贷。

但是，尽管融资债务从第一种意义上讲不是资本的绝对增加，也不是实际财富的增加；但通过作为产业运行的新动力，它在一定范围内有增加社会实际财富的可能，就像一个节俭的农民借钱来改善他的农场，最终可能增加他的实际财富一样。

有些值得尊敬的人，出于对积累公债的反感，不愿意承认公债有任何效用，他们认为公债可能带来弊病，而费力去缓解没有任何好处；他们无法接受公债在任何意义上都应被视为资本的增加，不愿将公债推论为债务越多则资本越多，政府的负担越重则社会的福祉就越大。

但是，参众两院有兴趣如实评估每一项目标；了解好处在多大程度上受到了弊病的挤压；或弊病在多大程度上得到了好处的补偿，而其中任何一项都是好坏交杂的。

也不能说，债务的积累是可取的，因为只有一定程度的债务可以作为资本来运作。政治上（political）可能会出现过剩，就像自然界（Natural Body）一样；可能会出现一种情况，在这种情况下，任何人造资本都是不必要的。债务也可能膨胀到这样一种程度，即债务的大部分可能不再是有用的资本，而只是用来纵容游手好闲、放荡不羁的人去挥霍无度：支付债务利息的总金额可能令人不堪重负，超出了政府为保持自身稳定所能采用的筹集资金的手段；为偿还债务，税收资源可能已经过于紧张，以至于无法扩大征税范围充分应对涉及公共安全的紧急情况。

我们无法确定这个临界点在哪里，但不可能相信没有这个临界点。

由于国家的发展变迁会导致债务的长期积累，因此每个政府都应该在符合正直和诚信的前提下，在可行的范围内，持续地、急切地、不断地努力以最快的速度减少任何时候存在的债务。

对于一个包含如此抽象和复杂想法的分析对象，而且像刚才讨论的那样难以精确计算的问题，推理总是有陷入谬误的危险。因此，应该适当考虑到这种可能性。但是，只要这个问题的性质允许，似乎就有令人满意的理由相信，公共资金是美国公民的一种资本资源，而且，如果说它们是一种资源的话，也是一种广泛的资源。

有人提出种种理由，认为在美国建立制造业不切实际，对此，我们只要参考一下已经取得的经验，就可以作出充分的回答。可以肯定的是，有几个重要的行业在以惊人的速度发展壮大，为今后的尝试提供了令人鼓舞的成功保证。此处列举其中最重要的几个行业也许并无不妥。

1. 皮毛行业——鞣制的和明矾鞣制的皮革（tanned and tawed leather）、装饰的动物皮革、皮鞋、靴子和拖鞋、各种马具和鞍具、皮箱和行李箱、皮马裤、手套、皮手筒和领巾、羊皮纸以及胶水。

2. 制铁行业——铁栅栏和铁板、钢铁、钉条和钉子（Nailrods and Nails）、农具、炉灶、锅（pots）和其他家用炊具、车厢和造船用的钢与铁制品、锚、秤杆和砝码以及各种工匠工具、各种武器；尽管由于需求不足，最近这些产品的制造有所减少。

3. 木材行业——船舶、橱柜和车床、羊毛和棉花梳理刷以及用于制造业和农业的其他机械、数学仪器、各种木桶和木质容器制品。

4. 亚麻和麻类制品业——缆绳、帆布、绳索、麻绳和捆绑包装的粗线。

5. 砖块和粗瓷砖，以及陶器制品。

6. 烈酒和麦芽酒。

7. 书写和印刷纸张、护套和包装纸、纸板、层压纸板、壁纸。

8. 毛皮和羊毛制的帽子，以及两者的混合物；女性织物和丝绸鞋（silk shoes）。

9. 精炼糖。

10. 动物油和种子油、肥皂、鲸蜡和牛脂蜡烛。

11. 铜和黄铜丝，特别是蒸馏器、糖厂和啤酒厂的用具；壁炉架和其他家用品，科学仪器。

12. 几乎所有常规用途的锡器。

13. 各种类型的马车。

14. 鼻烟、咀嚼型和吸食型烟草。

15. 淀粉和发粉。①

---

① 发粉是一种用于发型美化的粉末状物质，通常是白色或浅色的，被用来为头发增加体积、提高蓬松感，并使发型更加豪华。在18世纪和19世纪早期，使用发粉是一种时髦的潮流。

16. 炭黑和其他绘画颜料。

17. 火药。

除了为常规贸易生产这些产品且发展已经相当成熟的工厂外，美国还有大量的家庭制造业，这些家庭制造业对社会供应的贡献超乎想象，我们没有将其作为特别调查的对象。本报告的调查所得到的观察结果是令人满意的，并且这个结果既适用于美国南部各州，也适用于中部和北部各州。大量的粗布、大衣、绢布和法兰绒、亚麻羊毛衫、羊毛袜、棉布和棉线、粗布衬衣、牛仔裤和细纹布、格纹与条纹棉布和亚麻布制品、床褥、被套和台布、毛巾布、粗衬衣、床单、毛巾布和桌布，以及各种羊毛和棉花的混合物、棉花和亚麻的混合物，都是以家庭方式生产的，而且在许多情况下，家庭纺织品的产量不仅足以满足家庭的需要，还可以用于销售，甚至在某些情况下可用来出口。据估算，在一些地区，居民自制衣服占比达到了 2/3，3/4，甚至 4/5。在短短几年中家庭制造业呈现出如此巨大的进步，从道德角度和政治角度看，其重要性引发了高度的兴趣。

以上列举的物品不涵盖常规行业生产的所有物品。其他很多产品的生产同样很成熟，但是并不具备相同的重要性，因此被省略了。此外，还有很多产品的生产处于初创阶段，尽管很多尝试的表现非常有利，但没有办法恰当地归类于以上所列举的产业类目中。其他一些非常重要的商品，虽然严格上讲是制造品，但是由于与畜牧业关联密切而被省略，如面粉、木灰和珍珠灰（Pot and pearl ashes）[①]、沥青、焦油、松节油等。

还需要注意的是，有一类反对制造业发展的意见，其性质不同于对制造业成功概率的质疑。该意见源于认为发展制造业可能给某个特定阶级带来垄断的好处，代价是牺牲社会其他群体的利益。他们宣称从外国人那里购买到所需的制成品的价格条件比跟本国公民交易更实惠；而且宣称，由于采取了一切阻碍与外国商品自由竞争的措施，他们不得不为想要的东西支付更高的价格。

我们认为，限制外国商品自由竞争的措施可能导致价格上涨，并非毫无道理，不可否认，在一些案例中就产生了这样的效果；但事实与理论并不完全一致。在一些情况下，国内生产建立后，商品价格会立即下降。不管是外国制造商试图通过低价销售来取代我们自己的产品，还是其他什么原因，结果都如上所述，与预期相反。

尽管那些防止外国工厂与本国工厂竞争的规定所产生的直接和明显的影响确实是价格上涨，然而，普遍的事实又是，每

[①] 指历史上家庭手工业和制造工业的一种应用工艺。"pot ashes"是指由木材燃烧产生的灰，通常含有碳酸钾。"pearl ashes"是指人们通过将碱性溶液蒸发至结晶并煅烧而制得碳酸钠，烘焙过程中起到中和酸的作用。

一种成功的制造业所产生的最终影响都与此相反。当国内生产达到完美水平，并有足够数量的人员参与生产时，价格必然会变得更低。由于免去了进口外国商品所需的高昂费用，它的售价是人们负担得起的，因此，随着时间的推移，它的售价在大多数情况下或者一直都会比外国替代品的价格更便宜。内部竞争的出现，很快就会消除一切类似垄断的现象，并逐渐将商品价格降低到所使用资本的合理利润的最低限度。这符合事物的道理和经验。

由此可见，为了实现最终的永久性的经济目标，鼓励制造业的发展符合社会的利益。从一个国家的角度来看，价格的暂时提高总是会通过价格的永久降低得到合理的补偿。

在此，我们可以适当地反思一下，这种最终导致制成品价格下降的情况——它是国内制造业建立的结果——对农业可能带来直接和非常重要的好处。它使农民能够用较少的劳动力购买到他所需要的制成品，从而增加农民的收入和财产的价值。

关于在美国鼓励制造业是出于一时私利、从事制造业成功的可能性不大而提出常见的反对制造业发展的意见，已经进行了讨论；在讨论过程中关于建议政府要扶植制造业的考虑，将通过接下来要讨论的几个总体性的和具体的主题得到实质性加强，这些主题自然地被保留到后续进行讨论。

第一①，似乎确实可靠的是，一个既从事制造业又从事农业的国家的贸易，将比一个只从事农业的国家的贸易更赚钱和更繁荣。

这种情况的一个原因是，各国普遍努力从本国获取供本国消费和使用的主要必需品（这一点前文已经提到过了）；这就使外国对这些供应的需求在很大程度上具有偶然性和不确定性。因此，虽然专门从事农业的国家对制造业国家的织物的需求是恒定的和有规律的，但制造业国家对农业国家的产品的需求会有非常大的波动和中断。季节差异造成的巨大不均等已经在其他地方论述过了：一方的需求不变，另一方的需求不稳定，必然会导致双方商品交换的总体趋势对农业国不利。特定的商品的生产需要特定特殊的地理环境、气候和土壤，可能有时候存在例外，但我们完全有理由相信，总体上它将是一条合理的规则。

另一种情况也使那些既从事制造又从事种植的国家在商业上占据优势，那就是一个更加多样化的市场给外国客户提供了选择，更具吸引力，也为商业企业提供了更大的发展空间。在商业中一个无可争辩的事实是，商品同样丰富但种类最繁多的市场总是最受欢迎的，这也是非常明显的原因。每一种商品的差异都会带来额外的诱因。一个国家的商人必须根据本国出口

---

① 此处汉密尔顿使用了罗马数字"I"，但在后文又未见后续序号。

到国外市场的商品的种类和丰富程度，扩大企业的经营范围，这一点也同样明确。

第三种情况也许不比其他两种情况逊色，它赋予了上文所述的优势，这种优势与某些商品的需求停滞有关，而这些商品的需求停滞或多或少会影响所有商品的销售。一个国家如果只有很少的商品能够进入市场，那么它就可能比一个总是拥有大量商品的国家更快、更明显地受到这种滞销的影响。前者经常会发现手头用于销售或交换的物资储备比例过大，或者不得不做出有害的牺牲来满足其对外国物品的需求，而对这些物品的需求之大、之急，与本国物品数量之少不成比例。后者通常会发现自己因某些商品价格高而其他商品价格低而得到补偿——迅速且有利地销售那些有需求的商品的商人，能够更好地等待那些不受欢迎的商品的价格出现有利的变化。我们有理由相信，在这一点上，情况的不同会对国家的财富和繁荣产生巨大的、不同的影响。

结合这些情况，我们可以得出两个重要的推论：其一，在农业繁荣的基础上，制造业蓬勃发展的国家总是比那些完全或几乎完全限于农业的国家更有可能实现有利的贸易平衡；其二（这也是第一个推论的结果），前一种情况下的国家可能比后一种情况下的国家拥有更多与金钱相关的财富或金钱。

事实似乎与这一结论相符。进口制成品似乎无一例外地耗尽了纯农业人口的财富。让我们把欧洲制造业国家在这方面的情况与只从事农业耕作的国家的情况做一比较，差距就会非常明显。诚然，其他原因也有助于解释其中一些国家之间的这种差距。在这些原因中，农业的相对状况也是其中一个；但在其他国家之间，最突出的差异情况来自制造业的比较状况。为了证实这一观点，我们必须指出，西印度群岛的土壤是最肥沃的，这个国家为世界其他国家提供了最多的贵金属，但它与其他几乎所有国家的交换都是亏本的。

根据国内的经验，也可以得出同样的结论。在美国革命之前，组成现在美国的各殖民地所拥有的货币数量似乎不足以供其流通，而且它们欠英国的债务也在不断增加。自革命以来，制造业增长最快的州从战争的创伤中恢复了过来，它们的财力最为雄厚。

然而，与前述情况一样，应该承认，与制造业状况无关的原因在一定程度上造成了上述现象。新定居点的不断出现，自然会不利于贸易的平衡；不过，由于荒地变为良田，国家资本也随之增加，从而弥补了这种不便，而不同州对外贸易的程度不同，可能会使其财富的相对状况出现重大差异。第一种情况适用于革命前货币不足和债务的增加；后一种情况适用于自战争结束以来，制造业最发达的州似乎比其他州更占优势。

但是，在制造业兴旺发达的州，都呈现出货币充裕的状况，而在制造业不发达的州，货币情况截然相反，这就有力地证明了制造业的良性运作对国家财富的影响。

不仅是财富，一个国家的独立和安全似乎与制造业的繁荣有着重要的联系。为了实现这些伟大的目标，每个国家都应该努力让自身拥有国家供应的所有必需品。这包括生存、居住、衣着和防御的手段。

拥有这些，对于政治体制的完善、社会的安全和福利都是必要的。缺少其中任何一种，就等于国家政治体系的生命力和正常运作（political life and motion）缺失了一个重要机构；当各种危机降临到这个国家时，美国一定会深刻感受到这种缺失带来的影响。在独立战争期间，美国因无法自给自足而陷入极度窘境，至今仍令人记忆犹新：在未来的战争中，除非通过及时的、积极的努力来改变，否则美国再次面对这种伤害和危险时，很大程度上仍然将无能为力。为了尽快有远见地实现这一改变，我们的参众两院应该全神贯注、全力以赴；这是接下来需要完成的一项伟大事业。

只要我们的对外贸易还在继续，我们就需要海军来保护我们的对外贸易，这必然会使我们依赖对外贸易来获取必需品变得特别不稳定，也必然会极大地增加支持发展制造业的论据。

除了这些一般性考虑之外，还需要补充一些更为特殊的考虑。

欧洲是制成品供应的主要来源，而我们与欧洲相距遥远，在目前的情况下，我们会在以下两个方面遭受不便和损失。

我国本土的主要产品体积庞大，将其运往遥远的市场必然会产生非常高昂的运输费用。我们的产品若要在国外市场的供应中保持竞争力，这些运输费用主要得由我们承担，并从所提供物品的原始价值中扣除大量费用。从欧洲运来的制成品的费用也因同样的距离因素而大大增加。同样，我们自己的产业在本国市场上没有竞争力的情况下，这些费用也主要由我们承担；这是导致我们本国产品原始价值被大幅削减的另一个原因。这些就是用布料去交换我们消费的外国纺织品的本质。

个人财产的平等和节制，以及新定居点的不断增加，让我国对粗糙制成品的需求不同寻常；这类产品的费用与它们的体积成正比，从而加剧了上述不利因素。

在大多数国家，国内供应品与进口的外国产品之间存在着相当大的竞争。如果美国大范围建立的工厂没有在制成品方面形成类似的竞争，那么从上述分析中似乎可以清楚地推断出，它们在与外国的商品交易中必须承受双重损失；这将大大不利于贸易平衡，也极其有损于它们的利益。

这些不利因素对国家的土地利益造成了不小的影响。在和平时期，这些不利因素会严重削弱土地产品本身的价值。在战争时期，要么是我们自己卷入战争，要么是另一个与我们国家有相当大贸易额的国家卷入战争，那么我们的商品，大部分都是体积庞大的商品，所需要的运输费用就会给农民带来沉重负担，因为他们不得不像现在这样严重依赖外国市场销售自己的剩余农产品。

由于缺乏足够的市场，美国渔业的繁荣受到了阻碍，这是希望扩大制造业的另一个特殊原因。在许多地方，除了捕鱼之外，从事这个行业的人也能有其他的生计，众所周知，海洋动物的油、骨和皮在各种制造业中得到广泛应用。因此，对渔业产品的需求有望增加。

我们还可以从另一个角度来考虑鼓励美国发展制造业的好处。

有一种观点认为，虽然促进制造业发展符合联邦一部分地区的利益，却与另一部分区域的利益背道而驰，这种观点并不少见。美国北部和南部地区之间有时被认为在发展制造业方面的利益相悖。这些州被称为制造业州，而那些州则被称为农业州；人们想象制造业利益和农业利益之间存在着某种对立。

每个国家制造业发展早期阶段的一个通病，是存在将这两种利益对立的观念，但随着经验积累，这种观念逐渐消除了。事实上，人们经常发现这两种利益是相互支持、相互帮助的，以至于最终将它们视为一体：这种假设经常被滥用，而且并非普遍正确。对某些制造业的特殊鼓励，可能会以牺牲土地所有者的利益为代价满足制造商的利益；但是，制造业的总体繁荣与农业的总体繁荣是密切相关的，这句格言乃是经验之谈，只要有足够的经验，人们就会普遍承认这一点。在讨论过程中，人们提出了各种有力的理由来支持这一格言。也许，单是国内市场对土地剩余产品的需求的超强稳定性，就能令人信服地证明这句话的正确性。

认为联邦北部和南部地区之间存在利益冲突的想法，在很大程度上是毫无根据的，也是恶意的。通常这种对立所依据的是环境的多样性，但分析环境多样性可以得出截然相反的结论。共同的需求构成了政治联系最紧密的纽带之一，而相互需求的程度与相互供应手段的多样性自然成正比。

与此相反的建议永远是令人遗憾的，因为它们不利于对一个伟大的共同事业的稳步追求，也不利于国家整体的完美和谐。

一个社会的所有部分都团结在同一个政府之下，每个部分的繁荣都通过各种各样的渠道传递到其他部分，那么，只要人们习惯于追溯这些存在着的密切的利益联系，就不容易受到地方歧视引发的关心和忧虑的干扰。在一个国家的事务中，每一件有助于建立实质性和永久性秩序、增加工业总量和富裕程度的事务，最终都会给国家的所有成员带来好处。基于这个伟大的真理，我们可以放心地让各个地区默许所有有望巩固公共秩序和增加国家资源的制度和安排。

但是，还有一些应考虑的更特殊的因素有助于强化这一观点，即鼓励制造业符合联邦所有地区的利益。如果北部和中部各州成为制造业企业的主要集中地，那么它们就会通过制造产品的需求而使南部各州立即受益；这些产品中，有些是它们与其他各州共有的，有些则是它们特有的，或者比其他地方更丰富，或者质量更好。这些产品主要是木材、亚麻、大麻、棉花、羊毛、生丝、蓝靛、铁、铅、毛皮、皮革和煤炭。在这些物品中，棉花和蓝靛是南部各州特有的；迄今为止铅和煤也是如此。弗吉尼亚州的亚麻和大麻要比北部各州种植得更多，而且据说弗吉尼亚州的羊毛的质量比其他任何州的羊毛质量都好：环境因素造就了这种可能，弗吉尼亚州与欧洲羊毛最好的国家处于同一纬度。南部的气候也更适合丝绸生产。

若不是早先在国内建立棉花加工厂，也许很难指望棉花会得到广泛种植；如果在国内建立类似的相关加工厂，这对其他产品作物的种植将是最可靠的鼓励和支持。

如果从总体上看，鼓励制造业是美国的利益所在，那么值得特别注意的是，有些情况为当前热切地从事这项重要事业提供了关键的时机。由于外国对资金的投机，以及欧洲各地出现的混乱，大量资金不断涌入，这将对我们的努力起到实质性的支持作用。

第一种情况不仅有利于制造企业的建设，而且表明它们是将事物本身转化为优势并防止其最终成为弊端的必要手段。如果不能为外国人来我国投资购买公债的钱找到有用的用途，这些钱很快就会被重新输出以支付对外国奢侈品的超常消费；此后，为了支付债务滋生的利息和赎回本金，我国的货币的消耗速度可能会令人感到不安。

这种资本的有益运用，本质上也应该具备提供稳固和永久性改善的特征。如果这笔钱只是为了给对外贸易带来暂时的春天，而不能为本国产品找到新的和持久的出路，那么它就不会带来真正或持久的好处。只要这笔钱能用于农业改良、运河开挖以及类似的改良，它就会产生实质性的效用。但是，我们有理由怀疑，在这些事业中资本是否能够得到充分的利用；更有理由怀疑，那些持有资本的人，是否会像制造业追求的那样，被这类具有真正或持久好处性质的目标所吸引，而这与他们所习惯的事物以及由此产生的精神有更多相似之处。

无论已经或可能获得多少资金，开放一个领域和开放另一个领域至少可以确保有用的资本得到更好运用的前景。

在当前的关头，有一种正在发酵的思想，有一种投机和进取的活动，如果引导得当，可以使其服从于有益的目的；但如果完全放任自流，则可能带来有害的影响。欧洲的动荡局势正在使其公民倾向于移居国外，因此我国比在其他时候更容易获得所需工人；为欧洲移居国外的人提供更多的就业机会，可能会增加我国人口中的技术人才和勤劳有价值人才的数量和范围。

在其他国家的灾难中寻找乐趣是犯罪；但通过为那些饱受罹难的人提供庇护来造福我们自己，这既是正当的，也是符合政治原则的。

我们在前文对促进美国制造业发展的诱因进行了全面分析，并对反对者的主要意见进行了研究，接下来就应该考虑促进制造业发展的方法，以此来具体说明当前情况下似乎最值得鼓励发展的目标，以及针对每一个目标宜采取的具体措施。

为了更好地判断美国应采取的适当手段，我们不妨参考一下其他国家已经成功采用的手段。这些手段主要包括以下几个方面：

1. 保护性关税。——或对那些希望由国内生产且对国内商品构成竞争的外国产品征收关税。

实施保护性关税显然等同于对国内制造商品的一种赏金；因为通过提高对外国商品的收费，可以使本国制造商用低于所有外国竞争者的价格进行销售。这种鼓励措施的适当性无须赘述，因为它不仅是众多讨论议题所暗示的一个明确结论，而且在一系列判例中得到了美国法律的认可；此外，它被推荐作为国家财政收入的一种额外收入来源。事实上，除了对原材料征税的情况外，对进口商品征收的所有名目的税，虽只是为了增加收入，但在实践过程中都有遏制外国制造品，维护本国制造利益的考虑和效果。

2. 禁止进口竞争性物品，或相当于征收禁止性关税。

这是鼓励本国制造业的另一种有效手段；但一般来说，只有当制造业取得了长足进步，制造商数目众多，保证了适当的竞争，国内能以合理的价格获得充足供应时，才适合采用这种手段。在美国的司法判例中，有一些相当于禁止性关税的案例；还有一些其他案例，将这一原则进行了有利的延展，但数量并不多。

考虑到让本国制造商在国内市场上占据垄断地位是制造业国家的主流政策，那么美国当然可以在任何合适的情况下采取类似的政策，这几乎可以说是符合分配正义原则的；当然，这也是出于努力为本国公民争取互惠利益的责任所在。

3. 禁止制造业原材料出口。

实行这种规定的主要动机是：当原材料是本国特有或是品质优越的情况下，实施原材料出口禁令可确保本国工人获得廉价和充足的原材料供应，并使外国与我国自有原材料生产的产品进行竞争时，只有忌妒的份儿。我们不应该断言，这种做法在任何情况下都是不恰当的；但可以肯定的是，应该非常谨慎地采用这种做法，并且应仅适用于非常坦诚的情形。我们一眼就能看出，此项措施的直接作用是减少需求，压低其他行业——通常是农业产品的价格，从而损害从事该行业的人的利益。虽然，如果这项措施对国家至关重要的制造业部门的繁荣是必不可少的，那些利益首先受到损害的产业和部门，最终也将会受益于本国制造业繁荣所带来的广泛的且稳定性高的国内市场，从而获得补偿；然而，在这个问题上，有需要细致入微权衡和处理的复杂情况，每种情况里都存在对立冲突的考量因素。禁止制造业原材料出口是一项权宜之计，应该审慎地运用。

4. 金钱奖励（Pecuniary bounties）[①]。

人们已发现，这是鼓励制造业最有效的手段之一，而且在一些人看来这是最好的手段。尽管美国政府尚未采用该手段（除非我们把为出口的干鱼、腌鱼和腌肉提供补贴视为一种金钱奖励），尽管公众舆论对发放金钱奖励的支持程度不如对其他方式，但金钱奖励有如下几点优势：

（1）相比其他任何鼓励措施，金钱奖励更有把握、更加直接，正因为如此，它可以立竿见影地激励和支持新企业，对于初次尝试的企业有助于增加获利的机会，减少亏损的风险。

---

① 汉密尔顿报告中提到的"Pecuniary bounties"更多是"补贴"（Subsidies）的含义。对"奖励金"更详细的介绍可以参考：《国富论》第四篇第五章《论奖励金》。另外，这一个标题原文没有打上句号。

（2）金钱奖励避免了其他几种保护手段附带的价格暂时上涨所造成的不便；或者，由于使用金钱奖励手段不像实施保护性关税那样，要么不对竞争对手国的商品额外征税，要么只增收少部分关税，因此带来的价格上涨程度较小，能将这种不便的影响降到更低程度。第一种情况是，奖励金来自对其他对象的课税（根据课税对象的性质不同，课税可能会或者不会提高该物品的价格）。第二种情况是，奖励金来自对外国制造的相同或类似物品的征税。对外国物品征收1%的关税，就会转化为对国内制造品的一种奖励，关税和金钱奖励的转化意味着，在不考虑金钱奖励的情况下，本国制造的商品获得了2%的关税效应。在一种情况下，外国商品的价格有可能会相应提高1%，在另一种情况下会相应提高2%。事实上，如果奖励金（bounty）是从其他渠道获得的话，则会使本国商品实际价格下降；因为这种情况下无须对外国商品征收任何新费用，奖金有助于引入与外国商品的竞争，并增加市场上的商品总量。

（3）使用金钱奖励手段并不会像征收高额保护性关税那样，容易造成商品的稀缺。价格上涨并不总是征收附加性关税的直接后果，不过，如果国内制造业的进步在短期内不能抵消价格的上涨，那么价格上涨通常是附加关税的最终后果。在征税和由此导致的价格成比例上涨的间歇内，进口有可能会由于商品销售预期利润有限而受到抑制。

（4）有时，将鼓励新的农业目标与鼓励新的制造业目标结合起来，金钱奖励不仅是最好的，而且是唯一恰当有效的办法。政府通过金钱奖励抵消了国外同类型原材料对本国市场的干扰，促进了国内原材料的生产，符合农民的利益。国内制造商由于获得了充足和廉价的原材料供应，自身的利益获得了保证。如果在国内生产出足够数量的原料，以及以优惠的条件供应给国内制造商之前，政府出于促进国内原材料生产的目的，对从国外进口的原材料征税，那么这种做法会使农民和制造商的利益都受到损害。要么会破坏必需品的供应，要么会把原材料商品的价格抬高到本国新生制造业无法承受的范围，从而使新生的制造业被迫放弃或是失败，而且由于没有国内制造业，农民生产的原材料也就没有了需求市场，这类摧毁外国原材料的竞争是徒劳的。

不容忽视的是，在帮助国内生产某一物品方面，对该物品的进口征税，不同于为本国制造品在国内市场创造优势的各种手段。我们对从外国进口的物品征收关税，并不能撼动外国物品在市场上的销售优势，因此通过该方式也不可能促进我国商品的出口。

调和这两种利益的真正办法是，为帮助本国想要扶植增长的产品，对外国制造品需要的原材料出口征收关税，并将这项关税所得以金钱奖励的方式用于补贴本国原材料的生产，或是鼓励国内的制造业发展，或两者兼顾。在这些情况下，美国的制造商享受到了原材料数量或价格的优势，其事业发展处于优势；而农民，如果立即获得政府的奖励金，则能够借此与外国原材料展开有效的竞争。如果国内制造商获得的奖励金是对他消耗了足够多的国内原材料的补偿，那么最终产生的效果几乎是一样的；在质量相当的情况下，他出于谋利的动机，更愿意购买使用国内生产的产品，哪怕比外国商品价格贵一些也无妨，只要他获得的奖励金额大于国内外产品的价格差额。

除了简单和日常的家庭制造业，或者那些具有支配性本土优势的制造业部门之外，在大多数情况下，奖励金对于引进一个新产业是必不可少的。一般说来，本土制造业在面对与外国更先进更成熟的技术竞争时，来自政府奖励金的刺激和扶持对于本土制造克服竞争障碍至关重要。特别是对那些一贯由外国提供给我国的商品，如果可以对本国生产制造这些商品发放奖励金，那么对美国确保这些商品的供应来说是至关重要的。

对于长期存续的制造业仍给予持续的金钱奖励。这种政策几乎总是饱受质疑，因为在这类情况下，人们都会推测，这种靠奖励金生存的制造业自身存在一种固有的内在缺陷以至于离开政府的帮助就无法成功。但是，在制造业初创之时，对它们进行奖励不仅是合理的，通常也是必要的。

人们对发放奖励金有一定程度的偏见，认为这样做等于不加思考就将公款拱手相让，还有人认为奖励金是以牺牲社会公众利益为代价而使特定阶层富裕起来。

但是，以上两种"不喜欢"奖励金的理由都经不起推敲。没有什么途径比将公共资金用于鼓励一个新的和有用的产业分支更加有利可图，没有什么考虑能比永久性地增加一国生产性劳动力的总量更有价值。

至于第二种反对意见的理由，它同样适用于其他公认的适宜鼓励制造业的方式。对外国商品征税往往会使其价格上涨，因而社会成员在消费这类商品时需要额外花费，最终使本国制造商受益。奖励金只不过是满足了一小部分制造商的利益。但是，这实际上符合社会整体利益所在，在每一种情况下，我们接受暂时性开支增加带来的损失，待到我们的制造业有充足的资源，独立性增加，实现产能和财富的整体增长时，人民就能买到大量物美价廉的商品（这点在别处已经提到过），这将足以补偿目前的损失。

不过，在美国采用这种鼓励措施时，值得注意的是，在有些情况下可能要根据实际调节张弛有度，这样才算得上恰当，由于美国与欧洲相距遥远，因此从欧洲运来的所有纺织品都要支付非常高的运费，根据其体积的大小，运费价格相当于这些商品价值的15%—30%不等。

有人对美国政府实施这种鼓励措施的合宪性提出质疑，显然这种质疑缺乏依据。美国宪法明确规定国会有权"赋课并征收直接税、间接税、关税与国产税（excise），以偿还国债和用于合众国共同防务（Common defense）与公共福利（general welfare）"，除以下情况外并无其他限制性条件："征收各种税收、关税与国产税应全国统一",[①] "除依本宪法规定的人口普查或统计的比例，不得征收人头税或其他直接税",[②] 以及"对于从任何一州输出的货物，均不得征收关税或税金"。[③]

除了这三个条件之外，美国政府还有绝对的和无限期筹集资金的权力，提供给合适的恰当的目标，此项权力在广泛性方面不亚于偿还公债以及为共同防卫和普遍福利提供资金的范围。毫无疑问，"公共福利"一词蕴含的意义要比它本身所表现的，或是这个词引进时所暗示的含义更多；否则，国家事务运行中出现的许多紧急情况就会被搁置，无以应对。这个术语在广泛性方面，可能与使用的任何短语一样全面；如果将宪法对联邦政府财政权的使用限制在比"公共福利"更窄的范围内，则是不合适的；还因为它必然包括各种繁多的细节，需依具体情况而定，既无法具体说明，又难以给出定义。

因此，必须由国家立法机构酌情考虑决定，哪些目标是与

公共福利相关的，以及根据这种描述，在什么情况下政府的拨款才是必要和适当的。似乎毫无疑问，就拨款的使用而言，凡是与知识、农业、制造业和商业方面的普遍利益有关的，都属于国会的职权范围，应予以批准。

对于所讨论的问题的普遍性，唯一可接受的限定是：政府拨款的目的必须是全国性的，而不是地方性的；这个目的的运作在事实上或有可能覆盖到联邦所有地区，而不是局限于某一特定区域。

有人凭主观臆断构建了一种因果关系，以为政府对制造业的资金支持意味着将赋予政府一项权力去做似乎符合国会认定的有助于公共福祉的任何其他事情。这种反对意见是不应该有的。政府使用资金的权力是限制在一定范围内的，宪法对拨款也有明文规定，并不意味着政府有权做宪法中没有授权的任何其他事情，无论是通过这些术语明白的指示，还是通过恰当的暗示所表达的。

5. 赏金（Premiums）[1]。

赏金的性质与奖励金类似，但也存在一些重要区别。

奖励金适用于所生产、制造或出口的全部数量的商品，并包括产生的相关代理费用（correspondent expense）[2]。赏金的

---

① 汉密尔顿在此处未标句号。
② "correspondent expense" 一般指跨国银行转账时由第三方银行收取的费用。

作用是奖励某些特别卓越或品质更优秀的产品，以及奖励生产过程中运用的某些非凡的技能或技艺，它只提供给一小部分商品和商品生产者。但是，赏金可以起到激励全社会努力的效果；赏金既具备荣誉性质，又兼有金钱属性，它可以点燃人们的各种激情，触动人们的心弦，让人们受到利益和兴趣的双重驱动。因此，赏金以更加经济的手段有效激励了整个社会的事业心。

不同的国家，设立了各种各样的团体协会，其目标就在于分配赏金以鼓励农业、技术（arts）、制造业和商业的发展；尽管它们大多是自愿结社，拥有的资金有限，但它们起的作用却是巨大的。很多国家，尤其在大不列颠的苏格兰，其状况的显著改善主要归功于此。我们有理由相信，一旦美国在联邦政府的供给和支持下创建类似团体，也会带来巨大的利益。因此，在本报告的结论部分，将就赏金的使用进一步讨论，提供一些相应的建议。

6. 免除制造业原材料的关税。

这种免税政策作为一种普遍规则，特别是对于初创的新制造行业而言，其重要性是显而易见的。对于初创性的制造业来说，本身发展就面临艰难处境，再增加其税收财政负担的阻碍是不可取的；如果制造业已经发展得颇为成熟，具备了成为征税对象的条件，一般来说，最好是对该制造业生产的制成品征税，而不是对原材料征税。关于调整税收份额和产品价值比重的那些观点，对制成品征税比对原材料征税更容易调整。美国实施制造业原材料进口免税的政策，也是出于尊重国际惯例的考虑，那些与我国在国内外市场上竞争的国家，只要它们进口必需品材料也是免征关税的。

不过，也有例外情况，我们将在下一个标题下举例说明。

联邦法律已经提供了几个关于原材料进口免税方面的实例，但我们可能会发现，将其推广到其他一些案件中也是明智的。联邦法律规定，凡移民并在美国居住的外国艺术家（artist），所带的工具、设备、图书、服装以及家具等，都可以享受免税待遇，这就意味他们获得了联邦法律的有利保护。这种政策在性质上与原材料进口免税政策类似，无论从哪个角度看，延续这一规定都是合适的。

7. 对制造业原材料征收关税的弊端。

上文已经指出，作为一种普遍规则，除某些例外情况外，制造业原材料的进口关税应予以免除。我们将对三种例外情况举例予以说明。第一种情况，原材料本身是普遍或广泛使用的消费对象，可以作为合适的、丰沛有益的税收来源。第二种情况是，这种原材料的性质相当于一种较简单的制造品，进口此类商品将对国内同类型产品构成竞争，需要对其加以限制，但这种制造品通过进一步的加工转化后，会成为我国希望大力引进或发展的制造品。第三种情况是，原材料本身是本国的一种产品，而且能做到为本国制造商提供廉价且充足的原材料供应。

第一种情况对应的例子是糖浆。糖浆不仅是一个国家直接的税收来源，而且作为一种糖果，糖浆的消费者也应该像糖的消费者一样需要缴税。

未深加工的白色棉布和亚麻（in their white state）属于第二类情况。对这些进口商品征税是适当的，可以促进同类型的国内制造商生产同形态的产品。对棉花和亚麻进口退税也是合理的，可以鼓励国内对从国外进口的棉布和亚麻布进行印花和染色；随着以棉花和亚麻制造为代表的这类制造企业在美国发展壮大、技术足够娴熟，可以为国内深加工类的制造企业提供充分的生产供应时，退税的作用也就不复存在了。

在美国，大麻产品现在或预计不久将成为第三种情况的例证。

当对制造业所需原材料征收关税的目的不是防止与某些国内产品的竞争，通常情况下应免除这些材料的关税；同样的理由也适用于对国内制造商实施进口退税，支持他们发展。相应地，在那些系统地推进制造业事业发展的国家，这种退税手段已是司空见惯。这就为美国奉行类似的政策提供了论据，这一思想在联邦政府关于盐和糖浆的判例中得到了体现。我们相信，将该政策推广到其他商品，对我们也是有利的。

8. 鼓励国内的新发明和创造，并鼓励将外国的新发明和创造引入美国，特别是鼓励那些与机械相关的发明创造。

在所有扶植鼓励制造业发展的手段中，这项内容对制造业的用处最大、最无懈可击。鼓励发明创造最常见的手段是提供金钱奖励，以及给予发明创造者在一定时间范围的专有特权。对发明家的金钱奖励，必须根据发明或创造的使用场合，及发明或创造它们的效用，进行区别对待。对于授予发明创造者专有特权，就"创作者和发明者"（authors and inventors）而言，美国法律已经做出了规定。但是，对于某些工艺流程的改良和具有特殊价值的秘方，我们最好能够将这项条款扩展到引进者（introducers），让引进者跟创作者和发明者享有同样的利益；授予专有特权政策在其他国家也得到了很好的实施。然而，与其他例子中的情况类似，由于各种理由，授予专有特权是否属于联邦政府的职权范畴，目前这一点并不是不容置疑的，我们也深感遗憾。如果联邦政府可以在全国范围内统一行使这项权力，那么，制造业可由此获得众多支持而迅速发展，许多意义重大的内部改善项目也将得到提升，如若仅在单个州的范围内实施这些政策，那么就无法发挥出政策的最大效果。

但是，如果联邦立法机关无法实现我们期待的全部目标，那么它至少应该把现在能做的事情做好。外国改良技术引进的促进方法是本项报告的一部分，计划在报告结尾处提交，尽管这些方法需要在联邦政府获得立法机关和司法机关的充分授权并能发挥更大职能后，才会有效地实施。

制造业国家常常禁止其发明或改进的器具和机器出口，并制定了严厉的惩罚措施。在美国，也有人提出要制定类似的规则，预计时不时还会有人提出要制定其他相关规则。采取这种做法似乎是符合对等原则的。但在这方面，我们认为更加包容和自由的态度可能更符合美国的普遍精神；但在其他方面，自私和排他性的政策并不总是允许自由放纵的精神，这将使我们处于不平等的地位。一旦我国实施禁止工具和机器出口，就会让外国竞争者无法从我国的机器改良中获益，不过，这些措施会增加技术改良引进者的优势，并起到鼓励的作用。

9. 对制造业产品进行检测要实施明智的管理。

在促进制造业繁荣方面，这并不是最不重要的一个手段。在许多情况下，它的确是最重要的手段之一。这项措施将有助于阻止假货在国内横行，防止假货出口到海外；有助于提高本国制成品的质量并保持良好品质；有助于迅速且有利地销售这些制成品，并防止来自其他地区的商品的竞争。一些州的面粉和木材，以及其他州的钾肥，之所以建立起良好的声誉，正是源于对商品质量监管的重视。通过在全美所有的进出口港口实施明智而统一的质量检测制度，无论这些物品产自何处，都能因质量优越获得同样的美誉。将类似的质量检测制度推广到其他商品上也是有利的。

10. 为各地之间的汇款提供便利。

目前这些措施对于总体贸易，特别是对发展制造业来说，是一个至要的问题，会让我们购买原材料和供应品，以及支付制成品付款变得更加容易。通过最近成立的国家银行①是很有可能实现银行票据在美国的通兑通用的，这也是达成这个目标的最有价值的手段。但是，对国内汇款，增加一定的额外便利政策也会带来很多好处。如果这些在某一个州签发但要在另一个州兑换的汇票，能在全国任何地方流通，并且当汇票遭到拒付时，所产生的利息和损失得到（译者按：指签发汇票的银行）承认，这将大大促进不同地区之间的公民达成协议，因为它使人们在异地经营时更感安心，同时也会给每个州的商人和制造商带来便利和好处。

11. 为商品运输提供便利。

交通运输设施条件的改善与一个国家所有的内部利益密切相关；但可以毫不客气地说，它们与制造业有着尤为重要的关系。也许，对英国制造商帮助最大的事儿，莫过于英国的公共

---

① 汉密尔顿在这里指的是 1791 年 12 月 12 日于费城成立的美利坚银行（The Bank of the United States），通常称为美国第一银行（the first Bank of the United States），是汉密尔顿提议和支持的三大金融改革措施之一。美国第一银行有 21 年的经营许可权，1792 年在波士顿、纽约、查尔斯顿、巴尔的摩建立分行，此后陆续扩张。

道路改善以及最近在完成运河开凿方面取得的巨大进步。美国非常需要完善的公共道路设施；而在开凿运河方面，技术进步为美国提供了非同寻常的便利条件。

最近，在美国一些地方可以看到重视改善内河航运的迹象，这一定会让每一个真正满腔热忱希望国家繁荣的人感到欣慰。我们希望这些例子能激励各州政府和公民全力推进国家道路事业的改善。当然，没有什么比这更值得地方政府关心的了；而且，毫无疑问，国家政府具备为全面计划提供直接援助的权力。这是一项由整个国家而不是由联邦的任何一个或几个部分，来实施的更有效的改进措施。在有些情况下，为了某些假定的地方利益而牺牲整体利益是很危险的。在这类问题上，妒忌是很容易存在的，也很容易被证明是错误的。

下面这段话既明智又中肯，值得逐字引述。"良好的道路、运河或可通航河流，由于减少运输费用，使偏远地方与都市附近地方，更接近于同一水平。所以，一切改良中，以交通改良为最有实效。僻远地方，必是乡村中范围最为广大的地方，交通变了就促进这广大地区的开发。同时，又破坏都市附近农村的独占，因而对都市有利。连都市附近的农村，也可因此受到利益。交通的改善，一方面虽会使若干竞争的商品，运到旧市场来，但另一方面，对都市附近农村的农产物，却能开拓许多新市场。加之，独占乃是良好经营的大敌。良好经营，只靠自由和普遍的竞争，才得到普遍的确立。自由和普遍的竞争，势必驱使各个人，为了自卫而采用良好经营方法。将近五十年前，伦敦近郊一些州郡，曾向议会请愿，反对征收通行税的道路扩展到僻远州郡。他们所持的理由是，这样那些僻远州郡，由于劳动低廉，它们的牧草和谷物，将以比附近州郡低的价格在伦敦市场出卖，伦敦附近州郡的地租，将因此下降，而他们的耕作事业，将因而衰退。然而，从那时起，他们的地租，却增高了，而他们的耕作事业，也改善了。"[①]

在一个公正的观察者眼中，类似刚提到的支配各郡的那种想法的例子，太屡见不鲜了，以至于唤起了一种爱国主义精神的期盼，希望在这个国家的议会中，地方或偏私的精神最不可能占主导地位，各级议会应该自由地去追求和促进公共利益，特别是在那些有可能受地方主义精神干扰、危及公共利益的情况下。

以上是通常促进制造业发展的主要手段。然而，政府的措施不仅有必要直接针对制造业，以帮助和保护制造业，而且有必要防止那些一般管理过程中的附加影响对制造业造成任何特别的伤害。

有些税种容易给社会的不同群体带来重担，除其他不良影

① 内容源自《国富论》，第143—144页。

响外，对制造业发展也非常不利。所有的人头税或按人头征收的税都具有这种性质的后果。它们要么按照固定的税率征收，对勤劳的穷人造成不公，损害他们的利益；要么赋予某些官员酌情处理权，让他们进行估算和评估，而这些估算和评估必然是模糊的、容易引发猜想的、容易被滥用的。因此，若非情况特别紧急，应尽量避免这种做法。

所有这些税收（包括所有职业税和营业税），如果是按照一项业务所应投入的资本总额或这项业务所应获得的利润额来征收的，就不可避免地有损产业（industry）的利益。即便是最初授权被征税人自己选择申报其资本或利润的数额，来减轻不公平的税收问题，也是徒劳的。

从事任何商业或贸易的人，他们通常都有充分的理由避免透露任何真实准确的信息，因为这样会暴露他们业务的真实财务情况。他们经常发现，与其利用如此不便的庇护条款，还不如冒着负担高税收的风险，其结果就是他们常常要承受重税。

如果（纳税人）所公开的信息也不确定，但可以由税务官员的自由裁量权控制，或者换句话说，可由税务官员的情感和偏见控制，那么它不仅是一种无效的保护，而且可能构成了不诉诸这项措施的另一个理由。

尽管公职人员可以进行最公正合理的处置，但如果他们在没掌握确定数据的情况下行使自由量裁权，就往往会被表面现象所误导。在许多情况下，那些看起来正在进行的业务总量，是一个带有欺骗性的利润评估标准；然而，这却是这些官员能获得的最好的参照，也是他们自然会依赖的一个标准。因此，一个更需要政府帮助、没有能力向政府纳税做贡献的企业，可能会被评税员的错误推测所击垮。

任意征税，包括那些由某些官员自行决定向每个人征收多少税款的税种，既违背了自由精神，也违背了工业的准则。有鉴于此，最明智的政府观察家①都对这些税种给予了最严厉的斥责，认为它们构成了专制政府在实践中通常最糟糕的特征之一。

至少可以肯定的是，这类税收尤其不利于制造业的成功，一个希望促进制造业发展的政府应该谨慎地避免任意征税。

由于本报告的主题内容繁多，不自觉地导致初步讨论的篇幅比最初设想或打算的要长。在明确讨论有价值的或是需要鼓励的具体目标，以及分析针对每个目标可能采取的适当措施之

① 亚当·斯密在《国富论》、大卫·休谟在《政治论文集》都有相关评论。亚当·斯密认为："各国民应当完纳的赋税，必须是确定的，不得随意变更。完纳的日期、完纳的方法、完纳的额数，都应当让一切纳税者及其他的人了解得十分清楚明白。如果不然，每个纳税人，就多少不免为税吏的权力所左右；税吏会借端加重赋税，或者利用加重赋税的恐吓，勒索赠物或贿赂。赋税如不确定，哪怕是不专横不腐化的税吏，也会由此变成专横与腐化；何况他们这类人本来就是不得人心的。据一切国家的经验，我相信，赋税虽再不平等，其害民尚小，赋税稍不确定，其害民实大。确定人民应纳的税额，是非常重要的事情。"参见：《国富论》，第792页；David Hume，*Political Discourses*，1752，p.119，http://davidmhart.com/liberty/Books/1752-Hume_PoliticalDiscourses/Hume_PoliticalDiscourses1752-ebook-enhanced.html

前，我们似乎应该调查原则，考虑反对意见，并努力确定建议鼓励目标事物的效用。第一个目标已经达到，剩下的就是实现第二个目标了。

在选择目标时，有五种情况看上去值得我们特别注意：国家供应原材料的能力；制造的性质决定了在多大程度上可以用机器代替手工劳动；执行的便利性；物品用途的广泛性；对其他利益的服从性，尤其是对国防这一重大利益的服从性。然而，有些目标并不满足以上这些情况，但由于某些特殊原因，这些目标可能值得鼓励。

标识每种制造业所运用的最主要的原材料名称，将有助于引入对于这类制造品的评论。首先，

铁

铁制品享有卓越的地位。没有什么材料的性质比铁制品更必不可缺，也没有什么比铁制品的用途更广泛。它们全部或部分构成了几乎全部有用职业领域中的工具或材料，或两者兼而有之。目之所及，它们的作用无处不在。

美国是幸运的，美国人拥有特殊的优势，可以从这类最宝贵的材料中充分获益，而且他们完全有动机对其进行系统的改进。美国各地都有大量的铁，而且几乎涵盖各种品质的铁；加工炼铁的主要燃料既便宜又充足。木炭特别符合这种特质；但

在其他更广阔的地方，已经对矿藏丰富的煤矿进行开采，而且有强烈的迹象表明，在美国将发现丰富的煤炭资源。

本报告主题所引出的调查已经得到答案，证明了虽然通常大家认为炼铁厂（manufactories of Iron）在北美广泛分布，但其数量比人们想象中的还要多得多。在这份报告的另一处内容中已经介绍过了美国几种取得最显著进展的铁制品种类，这里无须赘述；① 但毫无疑问的是，对于其他类型的铁制品只要经过适当的冶炼锻造，我们很快就会取得成功。值得注意的是，炼铁厂所依赖的几种特殊基础行业，在不需要大笔资金帮助的情况下也有能力发展好。

美国的炼铁厂（Iron Works）数量大大增加，而且其经营获利比以前更多。美国革命前铁的平均价格约为每吨 64 美元，现在约为每吨 80 美元，价格的上涨主要归因于铁制品生产厂数量的增加。②

①　这里对应本译本第 147 页内容。
②　此处数据和观点，汉密尔顿参考了美国政治经济学家、财政部长助理坦奇·考克斯（Tench Coxe）的论著。考克斯在回复谢菲尔德勋爵关于美国铁制品价格高的问题时写道："革命前，锻铁的价格一般是 64 美元（译者按：每吨），在战争结束后回落到同样价格，这导致大量锻铁和生铁出口。制造业的发展将这些商品的价格推升至和平时期的最高水平。从 1789 年到 1790 年的十三个半月内，只有 200 吨锻铁和 3 555 吨生铁出口。"参见：Tench Coxe, *A Brief Examination of Lord Sheffield's Observations on the Commerce of the United States*, Philadelphia ：From the Press of M. Carey, 1791, p.26. 结合具体历史情景，可以推测，当时美国和国际社会对铁制品需求旺盛，美国生铁锻铁因价格低廉曾大量出口，但之后美国铁材制造业数量增加，铁矿开采产能受限，供不应求，美国还需从海外大量进口生铁和锻铁，在内外竞争的局面下，价格上涨。

此类制造业的进一步扩展和增加将产生双重效果，既促进金属矿产本身的开采，又带动将它们加工成更能赢利的产品。

这些制造业也比其他任何类型的制造业，在更大程度上综合了前面提到的在选择对象时需要考虑的几个必要条件。

唯一能进一步鼓励铁制品生产的合适和恰当的办法，似乎是对外国竞争商品加收关税。

钢铁（Steel）行业已经取得了长足的进步，而且据了解，美国最近已经开始筹建一些规模更大的钢铁厂。毋庸置疑，钢铁业的生产能力可以满足国内所有需求，并有大量剩余可供出口。目前，该产品的进口税为每磅① 75 美分，有观点认为，将该产品的税率提高到每磅 100 美分是安全的且对我们有利的。

美国在很大程度上已经实现了铁钉的自给自足。美国有能力，也应该完全做到这一点。制造钉子的第一道工序，也是最费力的工序是由水磨完成的；后来这个行业所雇佣的从业者，有很大一部分是男孩。他们勤勉的习惯对社会发展有重要意义，不仅养活了全家，也通过劳动为自己创造了一个舒适的未来。令人好奇的是，在我国的某些地方，制作钉子仍是一种偶然性的家庭生产活动。

一个重要的事实表明，对这些物品征收额外关税是适宜的。

---

① 1 磅约等于 0.454 千克。

截至 1790 年 9 月 30 日，在这一年中，美国进口了约 180 万磅的铁。据推测，若按每磅 2 美分对外国的铁征收关税，可以迅速打击如此大的进口量。无论从哪个角度看，停止进口铁都是恰当的。

铁制品的制造和其他一些物品的制造一样，也因部分制造者的粗制滥造和不诚实受到影响。在某些特定情况下，我们对产品进行检查可能会纠正这种问题。值得我们考虑的是，是否可以在不给大家带来不便的情况下，对出口到外国的铁制品或从一个州销售到另一个州的铁制品实行这种监管。

美国有几个州是农业用具的制造大州。在许多地方，这些工具都是由普通铁匠制作的。毫无疑问，有很好的例证表明，我们自己也能制造出足够全国使用的工具。

我们还制造了各种机械用的带刃工具，以及相当数量的中空金属制品① （hollow wares），尽管铸造业尚未达到我们所希望的完美程度。不过，铸造业正在不断改进，而且由于数量相当可观的资本和优秀的人才在从事这些尚处于起步阶段的铁器制造分支行业，由此可以推断这项业务的预期目标并不难实现。

为了确保实现这一目标，将所有铁制品或以铁为主要价值的产品的计税增加到 10%，似乎同样是安全的和谨慎的。

---

① 中空金属制品是指空心或中空的金属制品，通常用作烹饪器皿或餐桌用具。

按此设想，枪炮（Fire-arm）和其他军用武器可以收 15％
的税，也不会造成不便。美国已经有制造这些物品的生产厂家，
只需要一定的需求刺激，它们的生产就足以满足美国的需求。

此外，如果规定每年购买一定数量的本国制造的军用武器，
以形成军械库，并时不时地替换那些应停止使用的武器，以便
储备的每种武器都处于一个合适的供应量，这将给这种性质的
制造业带来实质性帮助，也是加强公共安全的一种手段。

但是，今后可能值得从法律角度考虑的是，政府本身有无
必要建立自己的军工厂。建立国有军工厂是符合国家的普遍惯
例的，而且似乎是得到充分理由支持的。

将这些重要的国防武器制造交由个人冒险事业的临时投机，
似乎是一种不谨慎的做法，在这种情况下，投机者的资源比在
大多数其他情况下更不可依赖；此处所讨论的与军火相关的物
品不是私人消费或日常生活中不可或缺的对象。作为一般规则，
政府直接投资经营制造业应予避免，但武器制造似乎是该规则
所允许的少数例外情况之一，取决于非常特殊的原因。

一般钢制品，或钢制品作为主要价值的物品的制造业，可
按 7.5％的税率征税。由于这类制造业尚未取得任何重大进展，
因此不建议对钢材征收与生铁一样高的税率；但是，鉴于铁是
炼钢的基础材料，而且广泛应用钢材的可行性并不亚于钢材的
重要性，因此激励钢厂发展的一个比较好的方式就是实施比目

前更高的进口关税。

一个问题是，允许对进口生铁和锻铁（iron in pigs and bars）实施免税在多大程度上是合适的。这样做当然有利于铁制品的制造，但问题是，这样做是否会干扰铁矿的开采量。

然而，有两种情况，即使没有完全消除也减轻了我们对这方面的担忧：其一是前面已经提到的铁价的大幅上涨，这使得对进口外国铁免征关税不会妨碍钢铁厂经营者获得足够多的利润；另一个是随着政府对铁制品制造提供额外的鼓励措施，可能会出现需求的增加。但是，在这件事情上，最明智的做法仍然是审慎对待。那些建议采取的措施，或许应该根据进一步经验所揭示的情况再加以考虑，而不是立即采用。

铜（Copper）

铜易受外力影响，制成品的范围和用途非常广泛。黄铜类（brass）制品符合以上描述，其主要原材料是铜，此处计划一并讨论。

铜在我国是一种天然矿产。尽管现在还不清楚是否有其他铜矿处于这种赢利状态，但铜矿实际上已经被开采出来，并给开发者带来了利润。并且，没有什么比以合适的价格大量从外国进口铜矿石更容易的事儿了。

在美国，铜匠和黄铜铸造师，特别是铜匠，从业人数众多，他们当中很多人的生意经营得风生水起。

讨论增加和扩大铜的生产，值得投入关注和精力。为此，确保铜的充足供应是明智之举，为达到该目标可采取的一个合适手段就是将铜列入免税物品类别。铜板和黄铜（copper in plates and brass）已经在免税之列（in this predicament）；但生铜和铜条（copper in pigs and bars）并不是；炉甘石（lapis calaminaris）也不是，它和铜及木炭一起构成了黄铜的成分。公平起见（by parity of reason），应该对进口的所有这些物品实施免税政策。

对铜类商品征收额外的关税将有助于实现我们预计的总体目标。现在的税率是 5%，而锡、锡器和铜的税率是 7.5%。无论从哪个角度看，对黄铜类商品征收与这些物品相同的税率似乎都是合适的，并且值得考虑的是，该不该将所有提及的这些商品的税率提升至 10%。

铅（Lead）

大量证据证明，这种材料在美国遍地皆是，只要稍加开发，就能满足国内的各种需求。长期以来，弗吉尼亚州的西南部一直盛产铅矿石，在美国革命期间，铅矿交由公共管理，为军事用途提供了大量矿石。现在铅矿由个人经营，他们不仅开采，还在弗吉尼亚里士满建立了铅矿加工厂。

美国已经对进口铅征收关税，这种做法有利于确保国产铅在国内市场上处于决定性优势地位，无论对未加工的铅矿石还是对加工制成品，这都是极大的鼓励。如果提高对锡器（pewter wares）制品的关税，那么这相当于进一步鼓励铅矿业发展。除此之外，没有别的需要补充了。

化石煤（Fossil Coal）

煤是促进制造业发展的一种重要燃料，将其列入本报告的主题并无不当。

煤的丰富供应将对钢铁行业产生重大影响。作为一类家用燃料，煤也是一种有益的产品，随着定居和耕种的发展，相应的木材使用量下降，必然伴随着煤使用范围的扩大；煤是海洋运输的一项重要物品，煤对航海业发展的重要性在大不列颠得到充分体现。[①]

众所周知，人们正在开采位于弗吉尼亚州的几座煤矿，在许多地方，人们都熟悉这些煤矿的存在。

对国内各种煤矿的开采提供奖金，以及在某些特定条件下对新开采的煤矿提供赏金，这种计策似乎值得特别研究。煤的重要性充分说明，如果这项举措有必要且有可能到达目的，则

---

① 亚当·斯密在《国富论》中讨论了煤对航海贸易的重要性："例如，尽管港口之间的距离并不远，从纽卡斯尔到伦敦的煤炭贸易中用到的船只比用于整个英格兰所有运输贸易的船只数还要多。"详见：《国富论》第二篇第五章《论资本的各种用途》。

政府以这样的方式进行补贴是一种合理的开支。

木材（Wood）

美国有几家兴旺发达的木材加工厂。没有哪个地方的造船工艺比美国的更完美，而这里橱柜器皿的制造水平相比欧洲并不逊色多少。这些产品的出口量相当可观。

对这类制造业通常使用的几种木材免征进口关税，似乎是美国政府可采取的唯一必要的鼓励措施。考虑到其他国家也在实施类似的政策，我们建议可采取一项权宜之计，给我国的木匠工人同等优待。美国有丰富的适宜造船的木材，但这并不构成反对这项政策的理由。在欧洲国家，木材日益稀缺、越发重要，这警示美国要着手有计划地采取措施保护木材储备资源。无论从哪个角度看，能够促进建立常规的造船木材储备库，都是可取的。

皮毛（Skins）

几乎没有什么比皮毛制造业更重要的了。皮毛业带动了不同品种的牛的饲养，对农业产生了直接和非常有益的影响，发展皮毛业是一项非常重要的建议。

同样令人高兴的是，我们观察到皮毛行业在主要的分支领域取得了显著进步；这些行业发展成熟，几乎达到了可以抵御外国竞争的地步。特别是制革厂，不仅在全国各地有大量的常规业务，而且在一些地方制革生意还成为家庭副业生产的重要项目。

然而，有建议提出，应从以下两个方面进一步鼓励皮革行业的发展：一是增加进口皮革制成品的关税，二是禁止出口动物皮毛。为了支持第二种做法，有观点声称，主要是由于大量出口，在短短几年里，每条皮毛的价格已经从 3 美元涨到了 4.5 美元。

这些建议更多是作为值得考虑的想法，而不是作为合理性已显而易见的结论提出的。对于增加关税是否必要，暂不清楚。至于所期望的出口禁令，没有证据表明迄今为止美国皮毛出口量巨大。关于声称的价格可能上涨的问题，最有可能的是由于制造业的发展扩大了国内需求，以及定居进程导致皮毛供应量减少，而不是由于出口量。

然而，有人提到了另一个禁止皮毛出口的原因，即某一类出口的皮毛在某种程度上是我国特有的，是一种非常珍贵的染料原材料，在美国准备参与竞争的一些制造业中用途很大。

也有这样的理由支持增加关税：皮毛的重要性足以要求政府给予坚定的鼓励，而且从已经取得的进展来看，没有理由认为增加关税会给皮毛的供应带来任何不便。

如果对现在进口税率为 5% 的胶水实施免税，将对皮毛工业大有裨益。各类皮革厂正在大量生产这种胶水，它和纸一样，是一种完全利用原材料的经济型产物，如果不被制造，就会自生自灭。（译者按：从鼓励国内生产角度来看）将进口胶水纳入15%税率的商品类别，是有好处的。

谷物（Grain）

一些对谷物进行加工的制造业获得了特别的关注，这不仅是因为它们大多数与公民的生计息息相关，还因为它们扩大了我们对最珍贵的土地物产的需求。

虽然面粉可以合理地被视为谷物加工品的一类，但该问题本身并无实际意义，除非是为了讨论是否有必要在美国各港口实施一个普遍的检验制度；如果依据适当的原则建立起该制度，它将有助于提高我国各地面粉的整体质量并改善其在国外市场中的声誉。然而，有一些因素阻碍了该办法的实施。

烈酒和麦芽酒是仅次于面粉的两种主要谷类制成品。前者在美国市场中的消费量非常大，后者也取得了相当大的进步。就这两种产品而言，只要情况允许，国内制造商就应该尽快独占国内市场。没有什么比这更切实可行的了，也没什么比这更令人向往的了。

美国的现行法律已为实现这一宝贵目标做出了很大贡献；但如果对现有法律做一些增补，对从外国进口的蒸馏酒和麦芽酒征收关税，以及可能的话，减少对国产酒征税，将能更有效地确保实现目标，并且美国不会出现强烈反对以上两项措施的声音。

对进口烈酒加征关税，不但对糖浆蒸馏烈酒有利，还对谷物蒸馏烈酒有利。这种做法能确保国家从生产酒中获益，即便在使用外国原材料的情况下也一直是重要的，尽管可能只起次要作用。

在那些关心酿酒厂的人（同样包括那些最坦诚、最有见识的酿酒师）的心中一个主流的想法是，对外国进口烈酒和国产酒征税必须有很大的税差，以完全确保本国酿酒业的成功。有事实表明这种想法值得关注。

众所周知，过去几年来，西印度群岛市场上糖蜜的价格持续上涨，部分原因是以前不存在的新的竞争，还有一部分原因是我国需求的扩大；很显然西印度群岛最近发生的骚乱一定会严重干扰商品的生产，从而导致价格大幅上涨，而我国对蜜糖的获取主要依赖西印度群岛。尤其是伊斯帕尼奥拉岛（Hispaniola）叛乱所造成的破坏和毁坏，不仅会大大加剧蜜糖价格的上涨，而且其影响预计会持续一段时间。由于西印度群岛生产朗姆酒的质量要更优越，这些情况再加上我国对每加仑①糖蜜征收 3 美分的关税，会导致我国采用蜜糖酿酒的酒厂与之竞争时需要压低产

---

① 1 加仑（美）= 3.785 412 升。

品价格，其结果就是我国酒厂难以获得足够的利润。

我国对杜松子酒（geneva 或 gin）的消费量很大。在我国，杜松子酒酿酒厂发展到有一定影响力的时间并不长。现在这类酒厂已经初具规模，但仍处于发展起步阶段，需要得到保护。

有人提出，美国酿造杜松子酒的原材料价格比荷兰的贵，因为大量的材料是从荷兰进口的，我们的劳动力价格也更高，荷兰经营杜松子酒厂获得的资本规模要远大于美国，我国支撑杜松子酒厂经营的利润率也要比荷兰低很多。因此，赞同进口杜松子酒的声势强大。据称，这些因素导致（译者按：本国杜松子酒的生产成本）超过了将该产品从欧洲运到美国所产生的费用以及目前的关税差异（difference of duty）①，从而导致美国不具备从事杜松子酒生产的优势条件。

也许只能靠试验才能确定所提建议的正确性；但对于如此重要的制造部门来说，冒着不利的风险做尝试似乎并不明智，并且对于一个具体问题，在分歧很大的地方试错总好过在分歧很小的地方犯错。

因此，我们建议对一等酒精度的进口烈酒加征每加仑 2 美分的关税，对烈度更高的酒按比例增加关税；对于在美国境内蒸馏生产的烈酒，从一等烈酒开始，每加仑酒减少 1 美分的关

---

① 这里可以理解为从欧洲进口杜松子酒的关税要低于美国本土酒厂所用主要原材料的进口关税，两者之间存在税差。

税，按酒的烈度等级等比例减征关税①。

调查显示，美国消费的麦芽酒绝大部分是由国内酿酒厂生产的。我们希望，而且很有可能实现，全部麦芽酒消费由我们自己生产供应。

美国国内酿造的麦芽酒虽然比不上最好的外国麦芽酒，但在很大程度上也不逊色于通常进口的外国麦芽酒。已经取得的进步预示着日后可能取得的成绩。日益激烈的竞争是进步的保证。采取措施吸引更多资本进入麦芽酒制造行业，将会让竞争加剧。

我们建议为了实现对国内酿酒厂起到决定性的鼓励作用，麦芽酒的进口关税应改为每加仑普遍增收 8 美分；值得考虑的是，为防止走私，是否不应该禁止进口麦芽酒，除非是装在容量很大的酒桶中。这样的措施是希望将劣质的外国麦芽酒淘汰出局，只进口品质最好的麦芽酒，直至经国内不断努力以同等技术和管理将其取而代之。

在实现上述目标之前，进口外国麦芽酒是对国内改善工艺的一个有益的刺激，并且在此期间，为享受奢侈品而支付的溢价是为了激励国内制造业的一个最有用的分支，而不能理所当

---

① 这里呼应上文美国国产杜松子酒价格昂贵的原因之一是原材料大量依赖进口，在此前提下，如果对国内生产烈酒的原材料实施进口关税减免，可增加美国国产酒的竞争力。

然将其视为一种困难。

尽管还有一些产品的消费规模较小，但为进一步帮助谷物加工制造业，将淀粉、造型发粉（hair pouder）、饼干列入进口税率15%的类目也是非常合适的。没有什么制造业能如谷物加工制造业那样简单，且完全可以从国内获得原材料；因此这是一项既普遍又合情合理的政策，即将谷物制造品设置为禁止性关税的对象或禁止进口的对象。

亚麻和大麻（Flax and Hemp）

亚麻和大麻制造业彼此关系密切，这类材料往往混合使用，因此将它们结合起来考虑也是有利的。亚麻布对农业的重要性体现在它对家庭工业大有影响。这些材料可以很容易地在家里生产，并达到满足任何需求的程度，亚麻粗纺已经取得了巨大进步，特别是以家庭纺织的方式。这些都构成了对政府支持的有力诉求。

政府的支持可以通过多种类型的方式提供：原材料的增产，给外国竞争品增加一些障碍削弱其竞争优势，对本国制造的产品直接给予奖金或赏金。

第一，促进原材料的增产。

在大麻增产方面，对外国大麻征收高额关税已经起到了一定的作用。如果国内生产条件不是特别优越，那么对外国原材料征税的政策就非常值得商榷，因为它干扰了大麻的种植和大麻制造业的发展。但是，如果为那些生产设施提供合适的补贴，并着眼于国家的未来和产业的自然发展进程，这项措施总体来说似乎并不会引发反对。

人们自然而然地会产生一个强烈的愿望，那就是希望能找到一些方法，能更直接地鼓励亚麻和大麻的生长；这种方法应当既有效，又不会带来太大的不便。为此，我们可以考虑采用奖金和赏金的方法，但目前还没有任何一种方法既不会造成太大的开支风险，也不会因联邦不同地区的情况而产生不平等的效果，或是在执行过程中不会遇到很大的困难。

第二，给外国竞争品增加一些障碍削弱其竞争优势。

为达到这个目的，提高进口税显然是一项权宜之计，看起来有充分的理由建议对某些物品增税。

这类物品主要是帆布（sailcloth），帆布与航海和国防密切相关，波士顿的一家帆布厂业务兴旺，位于其他几个地方的帆布厂的发展前景也非常好。

据推测，将帆布归入 10% 进口税率的商品类别既安全又明智。这么做的一个强有力的理由源自大不列颠。在英国，凡出口国产帆布便可以获得每埃尔（ell）① 2 便士的奖励。

---

① 旧时量布的长度单位，相当于 45 英寸或 115 厘米。

同样，将下列物品的关税提高到 7.5% 似乎也是一项善政：
德里尔布（Drillings）、奥斯纳堡布（Osnaburgs）、蒂克伦堡布
（Ticklenburgs）、道拉斯布（Dowlas）、一般帆布（canvas）、棕
色卷状纺织品（Brown Rolls）、布袋（Bagging），以及其他所
有初始出口成本不超过每码 35 美分的亚麻织物。① 英国对此类
产品或类似的亚麻纺织品出口提供平均 12.5% 的奖金，将起到
鼓励英国国内亚麻纺织品制造业发展的作用，并且给这些产品
的出口目的地国家的生产者造成困难，从而难以与英国产品相
竞争。

基于美国各地生产的麻绳（tow）和其他由家庭制造的亚麻
织物的数量，以及从最近的一些试验进展获得的信心，即在纺
织亚麻的较粗织物过程中可扩大使用节省劳动力的机器，这些
信息打消了我们对提高此类物品进口关税会带来不便的担忧，
并且使我们有望成功地实现快速且完全地从国内获得亚麻供应。

第三，对本国制造的产品直接给予奖金或赏金。

为了更有效地促进制造业发展，同时保障商品的廉价，以
造福航海事业，对使用美国国内原材料、在美国制造的所有帆

---

① 以上术语是指 16—17 世纪时期不同类型和用途，以及来自不同产地的纺织
品和亚麻布料，这里主要采用音译。其中，本文对于 Drillings 未按 Drill 的字面意思
翻译成斜纹布，因为 Drill 的百科解释为棉质物，与此段的主题不符。奥斯纳堡布
（Osnaburgs）原产于德国，后出口到英国，被大量生产，是粗质平纹织物的总称，
在废除奴隶制之前被广泛用于奴隶服装面料。道拉斯布（Dowlas）是一种坚固的粗
亚麻布，在 16—17 世纪由布列塔尼人生产，后英格兰和苏格兰也大量生产。

布给予每码 2 美分的奖励将是非常有益的。这也将有助于扩大这些原材料的种植。如果美国采纳了这种方式的激励措施，应该确定一个适度的年限，以鼓励新的事业和扩展旧事业。帆布本身的重要性足以证明采用非同寻常的支持手段是合理的。

棉花（Cotton）

棉花的材质特别适宜采用机器纺织。英国才发明棉纺机不久，报告前文已经介绍了该机器的显著实用性；但在不同的棉纺厂中，还有一些其他类型的机器，实用性几乎毫不逊色，这些机器要么专门用于棉纺，要么具有超乎寻常的效果。新机器的发明和使用是一个非常重要的条件，使得棉纺织业也可以被推荐给劳动力不足的国家，而劳动力不足曾是这类国家棉纺织业成功的最大障碍。

棉花制造品的合适用途具有多样性和广泛性，这是支持对棉花进行加工的制造业的另一个有力论据。

美国有能力生产大量棉花。尽管有人宣称美国棉花的品质不如其他一些地方的棉花，但美国的棉花在很多织物中得到很好的利用；而且通过实施更有经验的栽培方式，可能会提高美国棉花品质的完美度。我们建议在棉花的各个细分领域为大力发展棉花生产提供一种额外的和强有力的激励。

此份报告的前文已经介绍了棉花和棉纺织业已经取得的

进展。

除此之外，在这里可以宣布美国正在组建一个预期资本至少 50 万美元的协会；以该协会为代表，具体措施已经准备就绪，以推进大规模棉制品的生产和印染。

这些情况都表明，有必要消除可能存在的任何障碍，促进所讨论的工厂的有利发展，并增加必要和适当的鼓励措施。

目前对外国原材料每磅征收 3 美分的关税，这无疑对美国棉纺织工厂发展构成了一个非常严重的阻碍。

无论在美国建立棉纺织工厂之前，还是当这类工厂还处于发展起步阶段，我们都预见到了征收类似的关税有可能损坏这类产品的生产。特别是在讨论金钱奖励这个主题时，对于原材料本身在国内生产供应的这种情况，此类税收就更没有价值了。

棉花无法像大麻那样被归为一般规则的例外。

由于棉花并不像大麻那样是全国普遍生产的作物，因此无法保证为国内提供充足的供应；但主要的反对意见源于人们对国产棉花质量的怀疑。据说，美国棉花的纤维要比其他国家的棉花的纤维要更短和强度更低；观察显示，一般来说，生长地离赤道越近，棉花的质量越好。也就是说卡宴（译者按：法属圭亚那首府）、苏里南、德梅拉拉（Demarara）① 的棉花要更好，

---

① 原文是 Demarara，应该是拼写错误，实为 Demerara，位于南美洲圭亚那，曾先后被荷兰和英国殖民，在 19 世纪是一个重要的贸易中心，以糖贸最出名。

即便是价格差别很大，也要比群岛棉花更划算。

我们可以沉浸在一种希望中，即在适当的关心和照顾下，比起现在，本国棉花的品质能更接近气候和生长条件更优越的地区产出的棉花；事实也证明，我们可以充分利用棉花，棉花作为一类资源可以为本国的棉纺织业提供更大的保障，好过完全依赖进口棉花。因此，从任何一个角度看，能让我们仍处于发展起步阶段的制造业以最便宜的价格享受到最优质的材料，都是明智之举。

很显然，获得这些材料的迫切性，与该行业从业工人的技术不熟练和缺乏经验是正相关的。如果工人操作不熟练，他们使用的材料都是次等材料，必然会产生极大的浪费。

为了确保本国制造业获得如此重要的优势条件，废除目前对进口棉花的征税是必不可少的。

一项更能够鼓励国内生产的替代性办法是，对利用国产棉花在国内生产的制品提供金钱奖励；此外，还可以对这类制成品出口增添奖金。这两种办法中的无论哪一种，或是兼而有之，都好过建议废除进口税这样仅是象征性的鼓励措施，它们将大大促进美国棉花种植的发展，对鼓励棉花制造生产起到直接影响。

上文提及，英国对不超过一定价格的粗亚麻布出口提供奖励，这种奖励措施也适用于特定种类的价格类似的棉花商品。

这就提供了一个新的论据，说明应该为本国制造提供前文所建议的各种奖励措施，实际上也为政府向制造业增加一些其他援助提供了依据。

对所有在美国生产的棉制品，或是棉花亚麻的混合织物，只要不低于规定的宽度，每码提供 1 美分奖励；如果是用国产棉花加工的制成品，根据材料重量每磅额外奖励 1 美分。以上措施将对这样宝贵的物品的生产和批量制造起到非常重要的促进作用。我们认为，鉴于这项物品的重要性，这项花费是完全值得的。

众所周知，棉制品的印花、染色与棉制品的制造是一项分开的业务。这是一项很容易完成的工作，为白色状态下的棉制品大大增加了商品价值，并为接下来的各种新用途做了准备工作，因此具有重要的推广意义。

进口棉制品和国产棉制品一样可能需要经历印花和染色加工，因此值得考虑的是，该不该对白色状态的棉质商品退还全部或者部分进口关税，用来支持对这些产品进行印花或染色的企业。这项措施一定会有力地促进印染行业的发展；虽然可能对白色棉制品的原材料生产制造起到一定程度的反作用，但这样一个快速发展的分支行业很快就会发展成熟，届时产生的好处不止于能补偿退税对商品生产带来的不利影响。当印染行业取得明显进展时，就可以废除这类退税；到那时，美国国内对印花或染色产品的供应就会扩大。

如果将对某些棉制品征收的 7.5% 税率，扩展到所有棉制品或以棉花为主要原材料的商品，那么可能会抵消建议对棉制品退税产生的影响。扩大纳税范围不会引发实质性反对。因此，考虑到这类商品及伴随的各种因素，其关税税率不能够设立太高以免造成不便，从各种原因可以推断，这类商品的价格将保持适中。

在不久之前，马萨诸塞州的贝弗利（Beverly）和罗得岛州的普罗维登斯（Providence）分别建立了棉制品工厂，在坚持不懈的精神及爱国精神（patriotic motives）的引导下，它们好像已经克服了一开始面临的障碍，成功生产了灯芯绒、天鹅绒、涤纶布、牛仔裤和其他类似的商品，质量可以与从英国曼彻斯特运来的同类物品相媲美。普罗维登斯棉制品工厂的一个功勋是，它是美国建立的第一家著名的棉纺织厂，不仅为棉纺织厂自身的生产提供材料，还为私人家庭提供用于家庭生产的材料。

在康涅狄格州的多地，也有一些正规的棉制品加工企业在运行，但规模比上述企业要小。这些地方在棉制品的印花和染色方面也有一些尝试。目前已经有几家小型印染企业开始营业。

羊毛（Wool）

美国大部分地方的冬季漫长，对于这样的国家来说，羊毛纺织业比起其他与居民服装有关的制造业，重要性不落下风。

在美国不同地方，羊毛的家庭纺织业已经发展到一个非常有意思的程度。但其中也只有一个分支作为常规贸易可以称为发展成熟，这就是制帽业。

美国不同州大量生产羊毛帽，以及兼用羊毛与毛皮的帽子；似乎唯一欠缺的是原材料的充足供应，不能使羊毛制造业与需求相匹配。

在康涅狄格州的哈特福德，也正在进行一项很有前景的尝试，目标是生产布料、羊绒织物和其他羊毛制品。财政部部长所持有的各种制造样品表明，这些织物已经达到了相当完美的程度。它们的质量肯定超过了在如此短的时间内和在如此不利的条件下所能期望达到的任何水平；主管们用有限手段，齐心协力，凸显了他们的公共精神、坚持不懈和卓越判断力的可贵，正是这些品质使他们取得了这么多的成就。

珍惜并将这一珍贵的初生事业培养成熟，离不开殷切的期望，然而也要有面对相应遗憾的心理准备。目前所见，达成这个目标的方法仍是有困难的或不确定的。

在目前条件下，促进大量优质羊毛供应的措施，可能是对羊毛纺织业最有效的帮助。

为此，鼓励在国内饲养绵羊并改良其品种，无疑是最可取的办法；但仅靠这一点可能还不够，尤其是，我国改良后的羊毛能否到达适合制作高级织物的程度，目前仍是个问题。

人们可能会发现，赏金是促进国内羊毛供应的最佳手段，而政府的金钱奖励是抵消外国羊毛供应对本国市场干扰的好办法。前者的实施可在下文论述的制度范围内开展，利用后一种办法则需要根据具体的法律规定。当然，为了实施任何一种奖励措施，政府既要考虑到数量，也要考虑到质量，要进行相应的调整。

对地毯（carpets）和通铺地毯（carpeting）在现有税率基础上加收 2.5% 的关税，就可以为实现此目的提供一笔资金；地毯的性质决定了税率的增加不会引发任何异议，同时也会起到激励国内生产这类制品的作用。在这方面美国已经展开一些行动了。[①]

丝绸（Silk）

在美国大部分地区，生产丝绸都非常便利。康涅狄格州不仅在丝绸生产，而且在丝绸制品加工方面做了一些令人满意的尝试。尽管目前还只是小规模生产，但已经制造了一些袜子、手帕、丝带和纽扣。

在马萨诸塞州的伊普斯维奇（Ipswich），有一家规模不是

---

① 1791 年关于罗得岛州普罗维登斯制造业发展情况的报告显示："1790 年，本镇及附近的工厂和家庭共生产了 3 万码各种品质的羊毛织物——鼓励养羊的工作得到了妥善推动，当年羊毛织品的生产数量相应增长，可以满足所有居民的需要。"参见："Report of a Committee Appointed to Obtain Information on Manufacturing in Providence," October 10, 1791, https://founders.archives.gov/documents/Hamilton/01-09-02-0316-0003#ARHN-01-09-02-0316-0003-fn-0016

很庞大但历史悠久的蕾丝制造厂。

对于仍处于早期发展阶段的制造业，免征原材料进口关税，并在前文所述机构的指导下发放赏金，似乎是目前唯一可行的鼓励措施。

玻璃（Glass）

制造玻璃的原材料随处可见。在美国，这些原材料并不缺乏。基本材料包括称为"塔尔索"（Tarso）、通常是硬质和结晶物质的沙子和小石头，以及从各种植物特别是海藻（seaweed kali）或海草灰提取的盐。美国有非常丰富的燃料，是发展玻璃制造业的一个特殊优势。不过，生产玻璃还需要投入大量资本和劳动力。

美国目前有不同的玻璃制造厂。现在美国对所有进口玻璃制品征收 12.5% 的进口税，这对国内玻璃厂来说是一个相当大的鼓励政策。如果认为还需要额外的鼓励，最合适之举就是政府为玻璃窗户和黑色玻璃瓶的生产提供直接奖励。选玻璃窗户是因为它可便利大众生活；还有黑色玻璃杯，除此之外还是酿酒环境下重要的器皿。有人抱怨美国在这个方面存在严重不足。

火药（Gun Powder）

最近美国在火药这一非常重要的物品的制造方面，已经取得了长足进步：实际上我们可以认为火药制造厂已经成功建立起来了，但由于火药本身的重要性，进一步扩展仍然非常可期。

目前火药制造业获得的鼓励措施包括对外国竞争品征收10%的进口关税，以及对火药的主要成分之一硝石（Salt petre）免征进口税。同样，硫黄作为火药的主要成分似乎也应免税。目前美国尚不能通过本国材料生产出该商品。在修整船只底部时需要使用硫黄，这是主张将硫黄纳入免税列表的另一个原因。对硫黄进行仔细检查的规定将产生有利的影响。

纸张（Paper）

造纸业是美国发展最为成熟的产业，也是最能满足国家供应的产业。纸质挂饰的产业也取得了可喜的进步。这项宝贵产业的进一步成功似乎无须任何实质性的改进，因为政府已经通过对进口的同类物品征收足够高的税款保护了这些产业。

在列举应该纳税的几类纸张时，未包括护板纸和弹药纸。由于它们是造纸业中最简单的制品，对军需供应和造船业同样必不可少，它们同其他类型的制造业一样值得鼓励，并且似乎完全可以努力在国内实现供应。

印刷书籍（Printed books）

遍布全美的大量印刷厂似乎给我们提供了一种保证，即没有必要求助于外国来印刷美国所使用的书籍。我们现在对外国进口书籍征收 10% 的关税，而不是 5%，这将有助于美国国内的图书印刷业。

有人对此提出异议，认为这将提高私人家庭、学校和其他教育机构普遍使用的书籍的价格，可能对文学可能产生不利影响。但是我们认为这种税差不会产生这些影响。

对于富裕阶层和专业人士通常买来收藏的书籍，征收额外 5% 的关税可能会导致书价上涨，但是并不妨碍他们购买这些书籍。

至于那些专门进口供教育机构和公共图书馆使用的图书，最好是对其采取完全免税的政策，这样一来将在很大程度上缓解刚刚提到的各种关于书籍价格上涨的担忧。目前，这类书籍的进口关税为 5%。

至于家庭普遍使用的书籍，其需求的持续性和普遍性将为竭尽全力在国内供应这些书籍提供保障，而美国在这方面的力量是完全足够的。就如此类和其他情况下一样，可以预料到，国内扩大生产最终将有助于降低这些商品的价格。

值得注意的是，鼓励印刷书籍就是鼓励造纸业。

精制糖和巧克力（Refined Sugars and Chocolate）

精制糖和巧克力的生产是美国国内分布最广的、发展最繁荣的制造行业之一。

在带动精制糖和巧克力出口的情况下，我们对生产这些产品所用到的各种原材料减免关税，会有利于这些产品的生产，也符合糖蜜供应、蒸馏酒出口时创造的政策先例。

可可作为巧克力的原材料，现在的税率为每磅 1 美分，而巧克力作为一种流行的且制作工艺非常简单的产品，属于税率不超过 5% 的范畴。

在进口外国竞争产品时，征收比该产品主要原材料更高一些的进口关税，似乎有利于鼓励国内制造业的发展。据推测，对进口巧克力征收每磅 2 美分的关税，应该不会给大家造成不便。

上述标题的内容包含了制造业中最需要公共鼓励，同时也最适合公共鼓励的最重要的分支行业；并且我们已经介绍了一些看来最能回应上述目标的措施。

介绍以上这些重要原材料的过程中提到的一些观察，没有必要对其再做过多的补充说明。不过，补充一两处评论可能并非完全冗余。

在各种各样的情况下，大家都会提出将金钱奖励（Bounties）作为一种鼓励手段。

对此，一个常见的反对意见是，人们认为奖励金难以管理，在此过程中容易出现欺诈行为。但是，这种困难和危险似乎都不足以抵消正确使用奖励金所产生的好处。而且，推测已经得到证明，在某些情况下，特别是对于处在起步阶段的新企业的发展而言，给它们发放金钱奖励是不可或缺的。

然而，必须非常谨慎地控制奖励金的分配方式。我们已经想到了必要的预防措施，但是若要充分展开细节，就会使这份篇幅已很长的报告变得过于冗长，给读者带来不便。

如果这一原则不是不可接受的，那么防止滥用该原则的手段，就不太可能带来不可逾越的障碍。其他方面的实践也提供了有益的指导。

因此，关于这一点，在此只需指出，任何适用于制造品的优惠政策，都不能想当然地扩展到常规生产经营该产品的制造厂之外。如果将这种性质的福利扩大到每一个偶然从事该物品生产的私人家庭，就不可能附带足够的预防措施；而且由于家庭只是偶尔从事生产，利用了一部分本来会浪费掉的时间，所以家庭生产在没有奖励金的特殊帮助下也可以很好地开展。

存在收入降低的可能性，也构成反对这份报告所提交的解决办法的一个理由。

但是，没有什么比以下真相更值得信赖了，即国家的税收利益是依靠任何促进国家工业和财富增长的事务所带来的。

每个国家向国库缴款的能力同国家工业和财富增长的能力成正比；如果缴款的能力增加了，甚至只不过没有减少，那么减少任何特定资源的措施的唯一后果就是改变征税的对象。如果通过鼓励在国内制造某种物品，减少了进口该商品获得的收入，那么很容易就能找到补偿，要么从制造本身中，要么从其他可能被认为更方便的目标中找到补偿。然而，本报告所提出的这些措施，综合起来看，在未来很长一段时间内，都会增加而不是减少公共收入。

希望制造业的进步会与人口增长的步伐同步，是不切实际的；同样，阻止逐步扩大征收进口关税的商品范畴，也是不切实际的。

然而，既然建议在某些情况下取消和在其他情况下减少已为公债抵押的关税，那么就必须同时提供适当的替代品。为此，必须首先将所有新增的关税用于替代因取消或减少关税而可能产生的所有亏空。乍一看，很明显，它们不仅会充分满足这一需要，而且会产生相当多的盈余。这笔盈余将用于——

第一，设立一个基金，用于支付已下达的赏金。

第二，设立一个基金，交由即将成立的促进艺术、农业、制造业和商业发展的委员会运作。关于这一机构，在本报告中已有了不同篇幅的介绍。现在将提交一份计划纲要。

每年拨出一定的款项，由不少于三名专员管理，这些专员由政府的某些官员及其继任者担任。

让这些专员有权使用交给他们管理的基金，支付艺术家和具有特殊重要性的特定行业的制造商移民的费用；通过明智地发放和使用适度的奖励，促进和引进有用的发现、发明和改良；通过发放荣誉金和利润丰厚的奖金，鼓励个人和各阶层同专员负责促进的几项目标相关的努力；并为这些目标提供法律一般指定的其他帮助。

专员应每年向立法机构提交一份关于其交易和支出的账目，所有未用于委员会信托目的的款项应在每三年结束时归还国库。此外，还可以责令他们不得提取资金，除非用于某些特定支出。

此外，还可以授权专员接受自愿捐款，并规定他们有责任将这些捐款用于捐款人指定的特定支出。

我们有理由相信，由于缺乏技术熟练的工人，某些制造业的发展受到了很大的阻碍。而且，经常发生的情况是，可供制造业使用的资本与实现从国外引进优秀工人的目的不相称。在这种情况下，如果有必要，政府的辅助机构完全可以发挥作用。各行各业都有一些有价值的工人，他们之所以不能移居国外，完全是因为缺乏资金。对这些人偶尔提供的援助，如果管理得当，可能会成为国家的宝贵财富的来源。

通过奖励来激励发明和引进有用的改进措施，这种方式的适当性不难承认。但这种方式的成功与否，显然在很大程度上取决于进行奖励的方式。将这些奖励的发放置于某种适当的酌情指导之下，同时辅以其他权宜之计，很可能会使奖励发挥最大的效力。但对于效果未知以及投入与产出不相称的发现，通过一般的规则进行具体补偿似乎是不切实际的。

利用这种性质的基金来采购和进口外国的更先进产品，其作用之巨，是显而易见的。其中，机器设备将是最重要的一项。

在某些公共和私人协会的指导下，人们已经讨论过奖励金的运作和效用，以及发放奖励金所带来的好处。在这方面，宾夕法尼亚州促进制造业和实用艺术协会已经积累了一些经验；但该协会管理的资金过于紧张，因而未能充分发挥出其宗旨设定的效果。可以肯定地说，几乎没有什么比这种性质的机构更能激发普遍的改进精神了。这些机构确实非常宝贵。

在私人财富雄厚的国家，爱国人士的自愿捐款可以发挥很大作用；但在像美国这样的社会，公共财政必须弥补私人资源的不足。还有什么比将公共财政用于促进和改善制造业能发挥出更大的作用呢？

谨此提交。

亚历山大·汉密尔顿

财政部部长

2016 年 6 月 24 日，我在"澎湃新闻·私家历史"上发表了一篇《差点被踢下美元的汉密尔顿：他为何总与主流格格不入》。当时，我在华中师范大学与武汉理工大学开设通识课性质的工业文化课程已近两年，汉密尔顿是我讲授美国工业文化时的一个重点，正好遇到当时的美国财长提议将 10 美元纸币上的汉密尔顿头像撤换的风波，便应景写了篇知识普及性的小文章。工业文化在我国已成为工信部推行的政策。与绝大多数从工业遗产切入该领域的学者不同，我是在研究演化与创新经济学的过程中独立提出工业文化这一概念，并尝试建构理论的，后来得到工信部相关领导的认可，遂有一番事业。汉密尔顿《关于制造业的报告》是工业文化的纲领性文献之一，自然在我的研究范围内。中国演化经济学的旗帜性学者贾根良老师对经济学的美国学派有深入研究，陈劲、王焕祥两位学者主编的《演化与创新经济学评论》2014 年第 1 期曾刊发崔学锋翻译的报告节译本。作为历史学出身的研究者，我对"全本"有一种偏执，在早期的研究中引用过崔译本后，我购买了英文版汉密尔顿文集，对《关于制造业的报告》进行研读。本书导读对报告全本的结构、内容有较详细的介绍，此处不赘。

我从事工业文化研究的本意只是给学生开通识课，进行知识普及。十年前，中国的社会氛围多少与今日不同，为工业化正名、科普工业史知识的工作并没有多少人做——那时工信部的工业文化发展中心也刚刚成立而已——我作为所谓"科研为主型"高校教师，花了大量时间、精力给本科生备课、开课，只是基于一种社会责任感。况且，如果我研究的结论无法转化为对社会有用的知识，那么我也大可不必留在高校任教。机缘巧合，我的研究与教学工作得到了工信部领导的关注，使我有了为课程撰写两本教材的机会。那两本教材我是模仿西方通俗学术读物的体例与风格撰写的，出版后倒也不乏读者喜爱。其中一本《富强竞赛——工业文化与国家兴衰》专门开辟了一节写汉密尔顿。很遗憾，那两本书的书名与封面设计被热心读者认为勾不起一点兴趣，而被政、商界读者所喜爱的文风、写法又不被高校评价体系认可为"学术专著"，这迫使我偏离初衷，花费了几年的时间、精力对工业文化进行纯学理的研究。最终的结果倒也算失之东隅、收之桑榆。至少，我为工业文化构筑了一个政治经济学与演化经济学的理论基础。至于那两本教材，虽也有出版社希望再版，我却一概拒绝。毕竟，我的认识已经远远超过了近十年前出版的那两本书，而原书的风格、体例也不好进行大的改动。欣慰的是，我指导的本科生褚芝琳 2021 年被保送至清华大学读研后，有一日发来思政课的照片，拍到清华大学马克思主义学院院长朱安东教授的授课 PPT 推荐了我那本《富强竞赛——工业文化与国家兴衰》作为参考书。有此认可亦足矣。

2017 年 1 月，华中师范大学与工信部工业文化发展中心合作共

建的中国工业文化研究中心成立，由彭南生老师担任中心主任，我
作为常务副主任负责日常运作。回头来看，中心成立时我和彭老师
确立的诸多目标中，有一些实现了，有一些因为专业、资源、人才
等限制，实质性放弃了，还有一些丛书之类的工程刚起了个头就难
以为继。好在翻译工作尚能勉强推进。在此要感谢东方出版中心的
刘鑫先生，也要感谢华中师范大学各单位的支持，虽然由于一些人
事变动，译丛出版又遇到一些困难，亦只能在前进中设法克服了。
感谢虞和平老师在相关项目上的支持与帮助。

如前所述，汉密尔顿《关于制造业的报告》原有节译本，但我
阅读了全本后发现，在经济思想史上颇有价值的理论分析，以及对
经济史研究而言可视为史料的产业案例部分，节译本都略去了。这
并非中文节译本刻意不译，而是因为较易获取的数种英文版本本身
就是节选本。因此，翻译一个全本自有其学术价值。

在此前的研究过程中，为了引用，我已译过报告的片段。2023
年元旦，妻子李宗奇回山东娘家照顾感染新冠的岳父母，我与女儿
严知萌两个"未阳人"在武汉洪山的家中迎接新年。那段日子的生
活既动荡又平静。在某种困守孤城的状态下，我开始正式着手翻译
《关于制造业的报告》。然而，阅读是一回事，翻译又是一回事。我
之前译的片段虽属报告的精华内容，但较为简单，而真正从头开始
翻译后，我才感受到 18 世纪英文在精确理解与翻译上的巨大困难。
我一度试图寻找合译者，但没有成功。春节后，我基本放下了翻译
工作。当时的想法是有空时译一小段，在年内译完。由于 2023 年
上半年计划多变，这事就一直搁置了，直到 6 月 22 日，我在工作
日志中写下"目前仍当集中精力翻译"。转机出现在 7 月 9 日。当

时，华中师范大学历史文化学院为配合学校 120 周年校庆举办了院友会活动，我与在华东师范大学任教的王锐学弟聊到翻译进度不佳的事，他向我推荐了在厦门大学任教的任慈学妹。任慈学妹专攻美国史，自是极佳的合作者。7 月 10 日，她爽快地与我敲定了合译的方案。对我而言如有天助的是，任慈重新挑选了善本进行翻译，对我已经译出的部分也进行了修正，并加上了不少专业性极强的注释。当年 12 月底，任慈交来了译稿，我花了几个月时间在其基础上进行了一定的校对、修饰，但改动不大。因此，汉密尔顿《关于制造业的报告》首个中文全译本，几乎完全是任慈的功劳。但因为出版经费等技术问题，我仍忝列为第一译注者，而作为译稿最终修订者，翻译上的所有责任自然也由我来担。

为了方便读者理解背景知识，我写了一篇较长的导读，对汉密尔顿的生平、事功、思想以及影响进行了颇为详细的介绍。细心的读者能发现，我的部分观点，已经不同于我此前论著中的结论，这是研读报告全本以及汉密尔顿其他论著、书信的结果。我对汉密尔顿的宿敌杰斐逊的评价有所变化。接下来，我会着手两项工作：其一是继续向前追溯，研究美国殖民地时代的英国重商主义政策，邀请专业朋友翻译相关文献；其二是对汉密尔顿死后、南北战争前美国制造业与经济思想的变化进行探究，聚焦于坦奇·考克斯、亨利·克莱等人物。当然，后一项工作只是一个长远的计划而我惯于挖坑不填。

华中师范大学中国近代史研究所的创始人章开沅先生提倡中国近代史研究要"走出中国近代史"。18 世纪末的汉密尔顿面临着国家建设（state building）的重任，相同的任务、困境，在 19 世纪中期以后的中国同样浮现。研究汉密尔顿，大概可以算是"走出中国近代史"吧。感谢《文化纵横》杂志曾刊发我撰写的论文《美国体系：一个制造业帝国的兴起与分化》，并感谢《人大复印报刊资料·产业经济》2022年第6期全文转载。正如我在本书导读中所写，理解汉密尔顿，也是理解我们今天的世界。

2024年4月14日，我们全家为女儿的班级活动去黄鹤楼采集素材，登高远望，想到一年来的世事丕变、周遭多故，随意吟诗一首，放在此处作结吧：

北望江汉浩汤汤，万般多事营四方。无边天际连海运，两川东流漫洪荒。

严　鹏

2024年4月27日

草于鹦鹉洲故地海运斋

2024年8月31日

因感经费困难修改数句于海运斋以存信史

补记

本书的出版比预期要滞后，一则2024年9月后，华中师范大学中国工业文化研究中心两间办公室新挂牌"工业博物馆研究中心"与"数字工业档案实验室"，各种事务千头万绪，平行推进的工作只能顾此失彼；二则本书的主题与美国大选息息相关，它本身就是美国治国传统与政治遗产的一部分，我一直在考虑是否应在这首个中文全译本里体现时代变迁的内容。

时间快进到2024年11月，特朗普宣布胜选，关税议题再度成为盘桓于全球经济上空的阴云。在 2017 年出版的关于工业文化的著作的最后一章，我曾引用特朗普第一次当选美国总统时的就职演讲词，并称汉密尔顿的幽灵飘荡在白宫上空。那时社会的氛围普遍不太把这个从政的商人当回事，我则在另一本书的自序里写道："从思想史上追溯，特朗普关于废除区域自由贸易谈判、威胁提高进口工业品关税、引领制造业岗位回流美国的政策纲领，不过重复了 1791 年 12 月 5 日美国首任财长汉密尔顿向国会所呈《关于制造业的报告》中的论点。而汉密尔顿的整套保护主义计划，又是战争经验的产物。时移境迁，从历史学派的阶段论视角看，今日之美国欲重袭汉密尔顿故智，未免刻舟求剑，未必能再铸伟大。然而，如若全球主要强国纷纷内转，各以政策手段保护其国内产业，中国知识界若还在争议产业政策是否必要，就未免金兵渡河已半而宋人犹在议论不休了。"如今复盘历史，我的预测完全正确。特朗普政权转向汉密尔顿传统是大势所趋，受美国内在政治经济力量变化的驱动，不以各国知识分子的主观愿望为转移。然而，学历史、用历史，最忌刻舟求剑。以前是以前，现在是现在。事实证明，仅仅依靠传统的高关税等保护主义政策，美国没有实现制造业回流，中国产业的巨轮承受住了惊涛骇浪的冲击。

然而，结构性的变化是显而易见的。拜登政权上台后，虽然与美国的西方盟友重新修好，但在对华经济政策上，不仅承袭了特朗普政权的举措，还变本加厉，大筑"小院高墙"。此情此景，恰如杰斐逊当上总统后，最终选择了宿敌汉密尔顿的高关税保护制造业主张，而且走得比汉密尔顿的构想更远。时来天地皆协力，运去英雄不自由。政治强人，受制于时势结构。拜登政权打断了特朗普政权的连续性，但没有改变特朗普政权诸多产业政策的延续性。而随着特朗普"第二王朝"的降临，世界应有充分的心理预期去面对新一轮的惊涛骇浪。

政治与社会的转向总会带来思想与知识的转向。数年来，西方经济学的顶级刊物已开始发表对产业政策进行正面评价的论文。2024 年，美国经济学会顶级刊物《经济展望杂志》（*Journal of Economic Perspectives*）的秋季号上，连发五篇关于产业政策的论文，其中第五篇为理查德·西拉（Richard Sylla）所撰《汉密尔顿〈关于制造业的报告〉与产业政策》（Alexander Hamilton's *Report on Manufactures* and Industrial Policy），该文摘要草译如下：

汉密尔顿在 1791 年发表的关于制造业的政府报告，是对美国工业化的前瞻性论证，并得到了旨在鼓励工业化的公共政策的支持。1790 年前后的传统智慧，以及比较优势的静态考虑认为，美国应该坚持农业，出口其农业剩余，进口欧洲制成品。然而，欧洲主要帝国的重商主义贸易政策对美国出口构成了障碍。因此，汉密尔顿认为，使用最新机械技术的美国制造业，将通过创造对农业剩余的国内需求，减轻欧洲贸易限制的影响。他的报告列出了值得支持的行业，以及鼓励这些行业发展的政策措施。在接下来的一个世纪里，美国政府几乎采纳了汉密尔顿的所有建议。这些措施使美国在那个世纪的工业产出年均增长率达到 5%，帮助美国成为世界领先的制造业国家。

联想到我在本书导论里介绍过的《外交事务》（*Foreign*

Affairs）上那篇呼吁重归汉密尔顿治国技艺的文章，在拜登政权时代——期刊论文发表有其周期——出现的这股汉密尔顿回潮，构筑了一个"长特朗普时代"的知识谱系。在接下来的风急浪高的历史阶段里，在中国文艺青年们盼望百老汇音乐剧《汉密尔顿》登上中国舞台的同时，中国社会或许要直面汉密尔顿政治遗产更大程度复活所带来的冲击了。

在这样的历史时刻，我与任慈译出《汉密尔顿关于制造业的报告》，就有着为中华文明借鉴异文明思想经典之外的更为现实的价值了。

严 鹏

2024 年 11 月 10 日

补于鹦鹉洲故地海运斋